우리와 함께 살아가는
동물 이야기

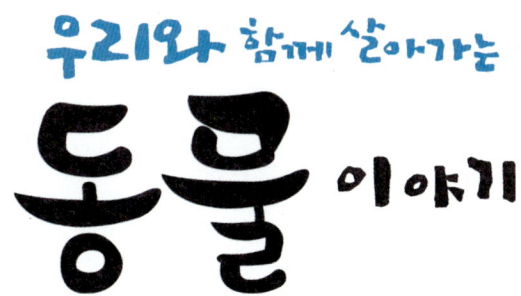
우리와 함께 살아가는
동물 이야기

한영식 글 | 김명길 그림

Mirae N 아이세움

작가의 말

 "짹짹!" 활기찬 새소리와 함께 새 아침이 밝았어요. 나뭇가지를 물어다가 부지런히 둥지를 만드는 까치, 도토리를 한가득 입에 넣고 나무 위로 쏜살같이 달려 올라가는 다람쥐, 유연하고 힘차게 물속을 헤엄치는 물고기 모두 간밤의 단잠에서 깨어나 부지런히 아침을 맞아요.

 동물들은 사는 곳이 무척 다양해요. 아파트 정원에는 비둘기가 찾아오고 공원의 나무에서는 청설모가 부지런히 먹이를 날라요. 냇가의 물고기는 요리조리 헤엄치고 연못의 개구리는 물과 뭍을 오가며 폴짝폴짝 점프를 하지요. 농장에 가면 한가롭게 먹이를 먹고 있는 소, 돼지를 볼 수 있고, 동물원에서는 기린, 원숭이 같은 다양한 외국 동물을 만날 수도 있답니다. 한편 하천과 바닷가에 가면 수많은 물고기와 바닷새가 우릴 반기지요.

 지구촌에 살고 있는 다양한 생물 중에서 인간과 가장 가까운 종은 동물이에요. 인간도 동물에 속하니까요. 동물은 몸집이 커서 관심만 가지면 주변에서 쉽게 발견할 수 있어요. 우리와 함께 살아가는 동물에는 어떤 것들이 있는지 눈을 크게 뜨고 주위를 둘러보세요. 여러분이 "안녕?" 하고 다정한 인사를 건네면 동물들과 친구가 될 수 있어요.

  지금부터 우리는 신비로운 동물 세상으로 탐험을 떠날 거예요. 애완동물을 시작으로 공원과 학교, 냇가와 연못, 하천과 바닷가, 농장과 숲 속, 동물원과 아쿠아리움까지 건우와 함께 재미있고 신기한 동물 세계로 여행을 떠나 보세요. 여행을 마치고 나면 여러분 모두 동물 박사가 되어 있을 거예요.

2013년 겨울 한영식

차 례

작가의 말	4
오물오물 귀여운 햄스터	8
동물 탐사 지도	10

1. 공원이나 학교에서 만나요

방긋방긋 귀여운 햇살이	14
지지배배 공원의 비둘기와 짹짹 참새	18
반가운 손님 까치와 경계심 많은 까마귀	21
공원의 나무를 오르는 다람쥐와 청설모	24
학교 안 미니 동물원	26
동물 박사 따라잡기 – 동물의 한살이	28

2. 냇가와 연못에서 만나요

물과 뭍을 오가는 양서류	32
깨끗한 물에 사는 꼬리 긴 도롱뇽	36
쉭쉭 민물고기	39
호수 공원의 거위와 오리	42
풀잎 위의 귀여운 청개구리와 연못의 참개구리	44
동물 박사 따라잡기 – 동물의 분류별 생김새와 특징	46

3. 농장에서 만나요

처마 밑 강남 제비	50
멍멍 강아지와 야옹 고양이	52
음메 소와 꿀꿀 돼지	55
닭장 속에는 암탉이	59
승마장과 경마장의 말	62
동물 박사 따라잡기 – 인간과 가축	64

4. 동물원과 아쿠아리움에서 만나요

키다리 기린과 뚱보 하마	68
장난꾸러기 원숭이와 느림보 나무늘보	70
멸종 위기종이 된 맹수 호랑이	74
동물원의 새	76
아쿠아리움의 수생 동물	79
동물 박사 따라잡기 – 동물도감 만들기	84

5. 산에서 살펴보아요

땅 위를 빠르게 기어 다니는 장지뱀	88
알록달록 꽃뱀, 무서운 독뱀 살모사	90
하늘 위의 포식자 맹금류	93
지지배배 산새와 동굴의 박쥐	95
숲 속의 야생 동물	99
동물 박사 따라잡기 – 멸종 위기 동물과 복원 사업	102

6. 하천과 바닷가에서 만나요

생존력 강한 잉어와 붕어	106
소중한 토종 동물과 훼방꾼 외래 동물	108
기수역의 망둑어와 하천과 바다를 오가는 연어	111
목이 긴 왜가리와 뒤뚱뒤뚱 청둥오리	114
창공을 날아다니는 바닷새	118
동물 박사 따라잡기 – 동물의 서식지	120

부록 한눈에 보는 동물 친구들   123

오물오물 귀여운 햄스터

건우 얼굴에 싱글벙글 함박웃음이 피어났어요. 곤충과 식물을 관찰하며 새로운 세상을 보게 되었거든요. 신비로운 생물을 만나면 눈이 휘둥그레지는 건우의 모습은 정말 귀여워요.

요즘 건우는 생명과학 방과 후 수업에 흠뻑 빠졌어요. 처음 본 신비로운 생물을 관찰하고 집에 가져와서 길러 볼 수 있는데, 며칠 전 햄스터를 데려왔어요. 겁이 많아서 아직 제 손에 올려놓지도 못하지만 먹이도 주고 집 청소도 하며 애지중지 챙기고 있죠. 우리 가족은 햄스터를 위해 멋진 집과 은신처, 매트와 먹이를 마련해 주었어요.

햄스터에게 관심을 갖게 된 건우에게 다양한 동물을 보여 주기로 했어요. 동물 탐사를 가자고 하면 건우가 얼마나 기뻐할까요. 겁이 많은 건우가 덩치 큰 동물을 무서워할까 봐 걱정스럽지만 새로운 동물을 하나씩 알아 갈 모습을 상상하니 아빠인 내 마음이 벌써 뿌듯해져요.

건우는 동물 탐사 준비를 하느라 방을 엉망으로 어질러 놓았어요. 탐사 준비물은 직접 챙겨야 한다나요. 건우와 내가 어떤 탐사를 하게 될지 여러분도 기대해 주세요.

동물 탐사 도구

- 면장갑
- 동물 도감
- 석고와 두꺼운 종이
- 필기구
- 관찰 노트
- 주머니칼
- 핀셋
- 손전등
- 우산
- 줄자
- 카메라
- 지도
- 운동화
- 쌍안경
- 슬리퍼
- 비옷
- 소매가 긴 옷
- 긴 바지
- 방한용 외투와 바지
- 배낭
- 구급용품
- 챙 있는 모자
- 장화

포유류 - 헤드 랜턴

조류 - 망원경

어류 - 족대

동물 탐사 지도

공원과 학교, 냇가와 연못, 하천과 바닷가, 농장과 숲 그리고 동물원과 아쿠아리움에는 다양한 동물들이 살고 있어요. 동물을 탐사할 장소를 살펴보고 탐사 계획을 세워 볼까요?

❷ 냇가, 연못
❹ 동물원, 아쿠아리움
❶ 공원, 학교

1. 공원이나 학교에서 만나요

방긋방긋 귀여운 햇살이

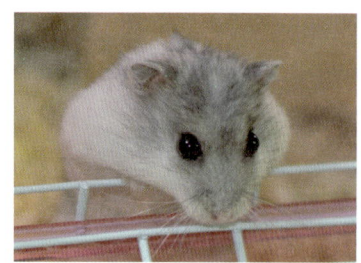
햄스터

아침부터 건우와 건우 엄마는 햄스터 구경이 한창이에요. 내가 일어난 줄도 모르고 햄스터에게 말까지 걸며 먹이를 주고 있네요.

"건우야, 햄스터 이름 지었니?"

"깜짝이야! 아빠 언제 일어나셨어요?"

아침을 먹고 우리 가족은 햄스터 이름을 지으려고 거실에 둘러앉았어요. '미니미니', '귀요미', '기쁘미' 등 여러 이름이 나왔지만 마땅한 이름이 없네요.

"아빠, 햇살이 어때요? 햄스터 눈망울이 반짝반짝 빛나는 해님 같잖아요."

동물의 눈망울을 관찰하고 이름을 생각해 내다니, 건우의 관찰력이 엄마, 아빠보다 나아요.

"자, 그럼 지금부터 동물 탐사를 시작해 보자. 마트로 출발!"

"탐사 장소가 마트라고요?"

멋진 동물 탐사를 기대했는데 장소가 마트여서 실망이 큰 모양이에요. 사람과 가장 가까이 지내는 애완동물을 관찰하기에 마트만 한 장소도 없는데 말이에요.

"건우야, 여기는 동물들의 천국이야."

마트에 도착한 건우는 햄스터, 이구아나, 거북, 열대어, 금붕어, 민물새우, 물방개, 십자매, 앵무새 등 다양한 애완동물한테 눈을 뗄 줄 몰랐어요. 고슴도치와 기니피그에 마음을 뺏겨 한참을 멍하니 쳐다보고 있었지요.

나는 발을 못 떼는 건우를 이끌고 햇살이 먹이를 찾으러 갔어요. 동물을 관찰하러 온 김에 건우

고슴도치

기니피그

에게 동물과 식물의 차이점을 아는지 물어보았어요. 요새 동식물 공부에 부쩍 열심이더니 정확히 알고 있네요. 움직이는 건 동물, 움직이지 못하는 건 식물이라고요. 나는 그것 말고도 동물과 식물의 다양한 차이점을 설명해 주었어요. 한마디도 놓치지 않으려고 귀를 쫑긋하고 집중하는 건우의 모습이 참 기특했어요.

동물(개)	식물(개나리)
자유롭게 움직인다.(따개비, 산호 등 제외)	자유롭게 움직이지 못한다.
동물을 잡아먹거나 식물을 섭취해서 양분을 얻는다.(종속 영양 생물)	광합성을 해서 스스로 양분을 만든다. (독립 영양 생물)
알이나 새끼를 낳아 번식한다.	꽃을 피우고 씨를 만들어 번식한다.
어릴 때는 빨리 성장하지만 일정 시기가 지나면 더 이상 자라지 않는다.	평생 계속 자란다.

관찰 일지

날짜 3월 22일   **장소** 집   **관찰 대상** 귀여운 애완동물

애완동물이란 좋아하여 가까이 두고 귀여워하며 기르는 개, 고양이, 햄스터, 이구아나, 앵무새, 금붕어, 열대어 등의 동물을 말한다. 최근에는 사람의 장난감이 아니라 동반자로 함께 살아가야 한다는 의미로 '반려 동물'이라고 부르기도 한다. 반려 동물은 사람과 교감하며 더불어 살아가는 동반자로, 정서적 안정을 주는 면에서 가족과 그 의미가 다르지 않다.

 애완동물 사진첩

개

고양이

햄스터

앵무(잉꼬)

금붕어

열대어

지지배배 공원의 비둘기와 짹짹 참새

마트에서 나와 벚꽃이 활짝 핀 공원에 들렀어요. 한가롭게 공원을 거니는데 어디선가 비둘기 여러 마리가 날아와 바닥에 떨어진 과자, 씨앗, 과일 등을 쪼아 댔어요.

"큰일 났어요. 비둘기가 돌을 먹었어요."

깜짝 놀란 건우가 소리쳤어요.

"하하, 괜찮아. 소화시키려고 일부러 돌 조각을 먹은 거야."

비둘기는 삼킨 먹이를 모이주머니에 저장했다가 모래주머니로 보내요. 모이주머니에서 먹이와 돌 조각이 뒤섞이면 잘게 부숴지지요. 이렇게 잘게 잘린 먹이가 식도 밑 위의 앞부분인 전위로 보내지면서 소화가 되는 거랍니다.

평화의 상징인 비둘기는 서울 올림픽 때 2,400마리, 페럴림픽 때 1,998마리를 풀어 주었는데, 천적인 맹금류가 줄어들어 그 숫자가 점

점 불어나서 지금은 천덕꾸러기가 되고 말았어요. 비둘기 배설물이 건축물, 석탑, 동상을 부식시키고, 배설물 속에 들어 있는 곰팡이 균이 뇌막염 같은 질병을 일으키거든요.

참새

"아빠, 저 비둘기는 좀 다르게 생겼어요."

"저건 우리나라 산과 들에 사는 멧비둘기야."

'멧'이 한자어로 산(山)을 뜻한다고 말해 주었더니 한자를 배웠다며 건우도 바로 이해했어요.

"아빠가 퀴즈를 내 볼게. 새 중에서 가장 똑똑한 새는 무얼까?"

"음, 딱따구리. 나무를 두드릴 때 똑똑 소리를 내잖아요."

땡! 틀렸어요. 답은 전서구 비둘기랍니다. 우편이 나오기 전까지 멀리 있는 사람에게 편지를 전하는 집배원 역할을 했거든요. 회귀 본능이 있어서 처음 날아왔던 장소를 기억하고 다시 돌아가지요.

"짹짹짹짹!" 수다쟁이 참새 떼가 내려앉더니 땅바닥에 주둥이를 마구 쪼아 댔어요. 건우와 내가 가까이 다가가자 푸드득 날아가고 말았어요.

"건우야, 농부가 참새를 좋아할까?"

"당연히 싫어하죠. 참새 쫓으려고 허수아비도 만들었잖아요."

참새가 곡물을 먹어 치워서 피해를 주는 건 맞아요. 하지만 참새가 모두 사라지면 해충이 불어나서 농부에게 더 큰 피해가 생겨요. 참새는 메뚜기나 나방 애벌레 같은 해충을 잡아먹는 중요한 역할도 하거든요.

멧비둘기와 양비둘기

멧비둘기	양비둘기
날개의 깃털이 물고기 비늘 모양이다.	날개 끝 부분에 2줄의 검은 선이 있다.
목에 검고 푸른 줄무늬가 있다.	목 부분이 보라색과 녹색 광택이 난다.
산에 많아서 산비둘기라 불리며, 일 년 내내 우리나라에 사는 텃새이다.	낭떠러지, 절벽, 굴에 살아서 낭비둘기, 굴비둘기라 불리며 집비둘기의 조상이다.
주로 평지나 산지에 살며 도시에도 산다.	주로 바닷가나 바위산 절벽에 살지만 전 세계 도시에도 산다.

반가운 손님 까치와 경계심 많은 까마귀

"찌빠찌빠, 찌빠찌빠!" 나무 꼭대기에 앉은 직박구리가 시끄럽게 울어 대고 있어요. 예전에 산속에서만 살던 직박구리는 숲 주변이 도시로 바뀌면서 도시에 사는 새가 되었어요.

직박구리

"아빠, 저 뚱보 새가 까치 맞아요?"

건우가 맞은편 나무에서 까치를 발견했어요. 요즘 까치는 엄청 크고 뚱뚱해서 간혹 까마귀로 착각하기도 하지요. 천적이 드물고 먹이가 풍족해졌기 때문이에요.

까치

그러나 자세히 보면 까치와 까마귀는 생김새가 달라요. 까마귀는 까치보다 몸집이 훨씬 더 크고, 배가 흰색인 까치와 달리 몸 전체가 검은색이에요. 또한 까마귀는 경계심이 많아서 낯선 사람을 보고 울지만 까치는 기억력이 좋아서 반가운 손님을 알아보고 울어 댄답

전봇대 위의 까치집

까마귀

니다.

"아빠, 까치가 울면 반가운 손님이 오죠?"

"까치가 기억력이 뛰어나서 생겨난 말이야. 먼 옛날 과거 시험 보러 떠난 아들이 몇 달 후에 돌아오면 까치는 그걸 기억했다가 반갑다며 까가깍 깍 하고 울었거든."

옷걸이를 문 까치가 전봇대 위로 날아올랐어요. 놀랍게도 옷걸이, 나뭇가지 등을 이용해 전봇대 꼭대기에 둥지를 짓고 있었어요. 건우는 까치가 빨리 집을 지을 수 있게 돕겠다며 나뭇가지를 모으기 시작했어요.

"건우야, 까치를 봤으니 반가운 손님이 찾아오겠는데?"

"맞다! 오늘 이모가 선물 사 오신다고 했어요. 빨리 집에 가요."

우리는 열심히 모은 나뭇가지를 전봇대 아래에 고이 두고 집으로 걸음을 옮겼습니다.

관찰 일지

| 날짜 3월 30일 | 장소 공원 | 관찰 대상 새의 구조와 특징 |

새는 튼튼하고 가벼운 뼈와 강한 근육을 갖고 있어서 하늘을 날기에 적합하다. 먹이를 잡거나 생활하기에 편리한 부리와 다리를 갖고 있다.

1. 새의 부리는 먹이의 종류와 잡는 방법에 따라 모양이 다양하다.

① 굵은 부리로 나무 열매를 먹는 새

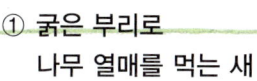 직박구리  잣새  콩새

② 긴 부리로 곤충을 먹는 새

 쏙독새 휘파람새  오색딱따구리

③ 긴 부리로 물고기를 먹는 새

 물총새  괭이갈매기

④ 긴 부리로 게, 조개, 갯지렁이를 먹는 새

 마도요

⑤ 날카롭게 구부러진 부리로 개구리, 쥐, 뱀 등을 먹는 새

 송골매

2. 새는 앞발이 날개로 변해서 2개의 발로 물체를 잡거나 활동한다.

물꿩   논병아리   민물가마우지   타조   칼새   올빼미   검독수리

공원의 나무를 오르는 다람쥐와 청설모

포근한 봄볕을 받으며 공원으로 향했어요. 어제 미처 보지 못한 공원 동물들을 만나러 가는 길이에요.

"샤샤삭! 슉!" 공원 입구에서 우리를 맞은 건 날쌘돌이 청설모였어요. 나무 사이를 자유자재로 점프하는 모습이 마치 서커스 선수 같아요. 청설모는 다람쥐와는 달리 겨울잠을 안 자요. 잣, 호두, 도토리 등을 보금자리 주변의 나뭇가지, 돌 틈, 땅속에 묻어 두었다가 찾아 먹지요. 청설모는 잣나무, 호두나무, 상수리나무 등의 씨앗과 과일뿐 아니라 새의 알과 어린 새끼까지 잡아먹는 잡식성 동물이에요.

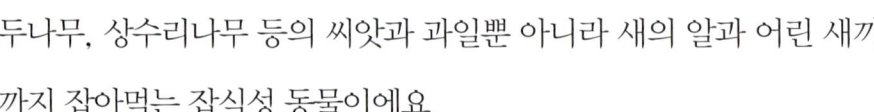
청설모

"아빠, 저기 다람쥐가 있어요."

건우가 도토리를 먹고 있는 다람쥐를 발견했어요. 가까이 관찰하려고 사뿐사뿐 다가갔지만 눈치 빠른 다람쥐는 눈 깜짝 할 사이에 나무 위로 도망쳤어요. '달리는 쥐'라

는 뜻의 이름처럼 정말 날쌨지요.

"아빠, 다람쥐도 곰처럼 겨울잠을 자요?"

"겨울잠을 자지만 곰과는 조금 달라. 곰은 겨울 내내 잠을 자지만, 다람쥐는 배가 고프면 깨어나서 먹이를 먹고 다시 잔단다."

다람쥐

다람쥐는 겨울이 오기 전에 가장 바빠요. 도토리, 잣 등의 먹이를 볼주머니에 담아서 여러 곳에 숨겨 두어야 하거든요. 다람쥐는 기억력이 안 좋아서 숨긴 먹이를 잘 찾지 못해요. 그래서 어디를 파더라도 도토리가 나올 수 있도록 최대한 많이 숨겨 두어야 하지요.

다람쥐가 찾지 못한 도토리는 어떻게 되냐고요? 씨앗에 싹이 터서 참나무가 된답니다. 아름다운 참나무 숲을 만드는 데 부지런한 다람쥐가 도움을 주는 것이죠.

학교 안 미니 동물원

토끼

기니피그

공작

공원을 나와 집으로 돌아오는 길, 건우와 나는 학교로 향했어요. 건우네 학교에 있는 미니 동물원을 보기 위해서예요. 그곳은 건우가 학교에서 가장 좋아하는 장소랍니다.

"아빠, 여기가 미니 동물원이에요."

건우가 왜 이곳을 좋아하는지 알 것 같았어요. 작고 귀여운 동물들이 우리를 반기고 있었거든요.

"아빠한테 미니 동물원을 소개해 줄래?"

"저쪽에 있는 건 귀여운 토끼고요. 다리가 짧은 저 동물은 기니피그예요. 날개가 멋진 공작은 동물원 멋쟁이예요. 그리고 삐악삐악 병아리랑 꼬꼬댁 토종닭도 있어요."

어찌나 신이 나서 소개를 하는지 나까지 절로 즐거워졌습니다.

기니피그는 페루가 고향인 설치류 동물이에요. 주로 의학이나 생물학 실험동물로 많이 이용되고, 성질이 온순해서 애완동물로도 길러요.

토종닭

건우는 미니 동물원 동물 중에서 토끼가 가장 좋다고 했어요. 털이 복슬복슬 보드랍고 오물오물 먹이를 받아먹는 모습이 아주 귀엽다나요.

"건우야, 토끼는 뒷다리보다 앞다리가 훨씬 더 짧은 거 아니?"

토끼는 앞다리가 뒷다리보다 짧아서 오르막길은 무척 빨리 오르지만 내리막길에서는 굼벵이가 되고 말아요. 자칫 잘못하면 굴러떨어지거든요. 옛날에는 산에서 흔히 볼 수 있었는데, 요즘은 동물원이나 애완동물로만 볼 수 있다니 안타까운 마음이 들었습니다.

동물 박사 따라잡기   동물의 한살이

동물이 태어나서 죽을 때까지의 과정을 한살이라고 한다. 동물은 태어나서 어린 시절을 거쳐 성장하여 어른이 된 뒤 자손을 남기고 일생을 마감한다. 새끼 또는 알을 낳아 번식하며, 어린 새끼는 힘이 없고 어리숙해 보이지만 귀엽다. 성장하여 어른이 되면 부모의 품을 떠나 독립한다.

포유류(개)

갓 나온 새끼(2주 이내)
눈을 뜨지 못하고 귀도 막혀 있다.

새끼 강아지(2~3주 이내)
2주 정도 지나면 눈을 뜨고
3주가 지나면 귀가 열려 들을 수 있다.

강아지(6~8주)
젖니가 나오고 밥을 먹기 시작한다.

개(9~12개월 이상)
짝짓기를 해서 새끼를 낳을 수 있다.

조류(닭)

알
타원형의 단단한 껍질에 싸여 있다.

병아리 부화
알을 품고 21일 정도 지나면 부리로 껍질을 깨고 나온다.

병아리(부화 후 30일까지)
몸 표면이 솜털로 덮여 있다.

닭(6개월 이상)
온몸이 깃털로 덮이고 볏이 뚜렷하다.

양서류(개구리)

알
1,500여 개의 알은 덩이를 이루고, 투명한 우무질에 싸여 있다.

올챙이
꼬리가 달린 올챙이가 되어 알에서 나온다.

올챙이(부화 후 15일)
뒷다리가 먼저 나온다.

올챙이(부화 후 25일)
앞다리가 나오고 꼬리가 짧아진다.

개구리(부화 후 55일)
땅 위로 올라와 먹이를 먹으며 더 크게 성장한다.

물과 뭍을 오가는 양서류

올챙이

"아빠, 차 안이 찜통이에요."

계절은 아직 초봄인데 햇살이 한여름처럼 내리쬐는 날이에요.

오늘은 건우와 함께 냇물과 연못에 사는 동물을 탐사하기로 했어요. 물속 친구들을 만날 생각에 건우의 눈이 초롱초롱해요.

"아빠, 올챙이가 있어요."

졸졸 시원한 물소리가 들리는 냇가에 도착하니 올챙이가 보이네요.

"와, 건우가 벌써 동물을 발견했구나!"

건우는 한동안 요리조리 헤엄치는 올챙이를 관찰하더니 뜰채로 한

마리를 낚아 올렸어요. 올챙이는 건우를 약 올리듯 "툭!" 튀어서 다시 물속으로 들어갔지요.

"건우야, 올챙이가 자라면 뭐가 될까?"

"당연히 개구리죠. 그런데 아빠, 개구리도 동물이에요?"

"당연하지. 개구리는 등뼈가 있는 척추동물이란다. 물과 땅을 오가면서 생활하는 양서류에 속해."

"물과 땅에 모두 살 수 있다니 대단해요."

사람은 폐로 숨을 쉬기 때문에 물속에서 살 수 없지만 양서류는 폐와 피부로 숨을 쉬어서 물과 땅 양쪽을 오가며 살아가요.

"아빠, 이 올챙이도 개구리가 돼요?"

"올챙이가 모두 개구리가 되는 건 아니야. 올챙이는 자라서 다양한 종류의 양서류가 된단다."

올챙이는 자라서 어슬렁거리며 기어 다니는 두꺼비, 맹꽁맹꽁 울음이 특이한 맹꽁이, 긴 꼬리를 흔들며 헤엄치는 도롱뇽, 폴짝폴짝 점프를 잘하는 개구리 중 하나로 변신을 한답니다.

두꺼비

북방산개구리

무당개구리

올챙이 적에는 모습이 모두 비슷해서 구별되지 않을 뿐이에요. 건우와 나는 올챙이 사진을 찍은 뒤 집에 돌아가서 동물도감을 찾아보기로 했어요. 동물의 한살이를 배우는 좋은 기회가 될 거예요.

비슷하지만 달라요!

척추동물과 무척추동물

척추동물(개구리)	무척추동물(가재)
등뼈(척추)가 있는 동물이다.	등뼈(척추)가 없는 동물이다.
척추를 중심으로 신경계와 근육이 발달했다.	신경이 온몸에 흩어져 있다.
새끼 또는 알을 낳아 번식한다.	대부분 알을 낳아 번식한다.
몸이 크고 심장, 폐, 위, 콩팥 등의 구조가 복잡한 고등 동물이다.	몸이 작고 구조가 매우 단순한 하등 동물이다.
물고기, 개구리, 도롱뇽, 새, 호랑이, 사람 등이 속한다.	지렁이, 조개, 곤충, 거미, 가재, 말미잘 등이 속한다.

관찰 일지

| 날짜 4월 15일 | 장소 냇물과 연못 | 관찰 대상 양서류 |

양서류는 어류와 파충류의 중간으로, 땅 위 또는 물속에서 산다. 크게 꼬리가 긴 도롱뇽과 꼬리가 없는 개구리로 구분할 수 있다. 도롱뇽은 '물속에 사는 도마뱀'이라는 뜻이고, 개구리는 개굴개굴 울어서 그런 이름이 붙었다. 양서류는 폐와 피부로 호흡하기 때문에 물과 공기가 오염되면 적응하지 못하고 죽고 만다. 그래서 수질 오염과 대기 오염의 지표종이 된다. 우리나라에서는 양서류 전체 종을 '포획 금지 야생 동물', '먹는 자 처벌 대상 야생 동물'로 지정하여 보호하고 있다.

 양서류 사진첩

개울 주변에 사는 무당개구리

논에 사는 청개구리

연못과 저수지에 사는 옴개구리

마을 주변에 사는 두꺼비

밭에 사는 참개구리

숲에 사는 북방산개구리

깨끗한 물에 사는 꼬리 긴 도롱뇽

도롱뇽 알 주머니

냇물을 거슬러 올라가자 콸콸 물이 흐르는 계곡이 나왔어요. 신이 나서 물속에서 첨벙대던 건우는 몇 분을 못 버티고 물 밖으로 뛰어나오네요.

"에취!"

건우는 몸을 부르르 떨며 바위 위에 올라앉아 해바라기가 되었어요.

"아빠, 이렇게 차가운 물에도 동물이 산다니 정말 대단해요."

"찬물에 잘 적응한 동물은 오히려 찬물을 더 좋아하지."

우리는 본격적으로 냇물에 사는 동물을 찾기 시작했어요. 건우는 냇물 가장자

리에서, 나는 냇물이 빠르게 흐르는 중앙에서 찾기로 했어요.

"아빠, 누가 물속에 도넛을 빠뜨렸나 봐요. 투명한 도넛에 초콜릿까지 박혔어요."

"앗, 진짜 도넛처럼 생겼네!"

건우가 물속에서 발견한 도넛은 도롱뇽 알 주머니였어요. 초콜릿처럼 보이는 것은 도롱뇽 알이었고요. 도롱뇽은 개울, 산기슭, 웅덩이, 논도랑 등에 알을 낳는데, 알 주머니 속에는 보통 25~50개의 알이 들어 있답니다.

건우는 한참을 쭈그리고 앉아서 알 주머니 속의 알을 세기 시작했어요.

"아빠, 알이 38개 있어요."

도롱뇽 알 주머니는 알이 하나씩 있는 개구리의 알 덩이와는 다르게 생겼어요. 알 주머니 속에서 태어난 도롱뇽 올챙이는 꼬리가 긴 도롱뇽이 되고, 개구리 올챙이는 꼬리가 없는 개구리가 되지요. 이렇듯 양서류는 유미류라고 불리는 기다란 꼬리가 있는 도롱뇽 무리와 무미류라고 불리는 꼬리가 없는 개구리 무리로 나눌 수 있어요.

'물속에 사는 도마뱀'이라는 뜻의 도롱뇽은 계곡처럼 맑고 차가운 1급수에서만 살아요. 피부로 숨을 쉬어서 물이 오염되면 살 수가 없지요. 주로 거미, 곤충, 지렁이 등을 잡아먹으며, 낮이 아닌 서늘한 밤에 활동한답니다.

건우는 처음 본 도롱뇽 알 주머니가 신기했나 봐요. 도롱뇽을 더 관찰하고 싶다며 냇물을 떠나려고 하지 않았어요. 건우가 좋아하는 물고기를 잡으러 가자고 설득한 끝에야 겨우 자리를 뜰 수 있었습니다.

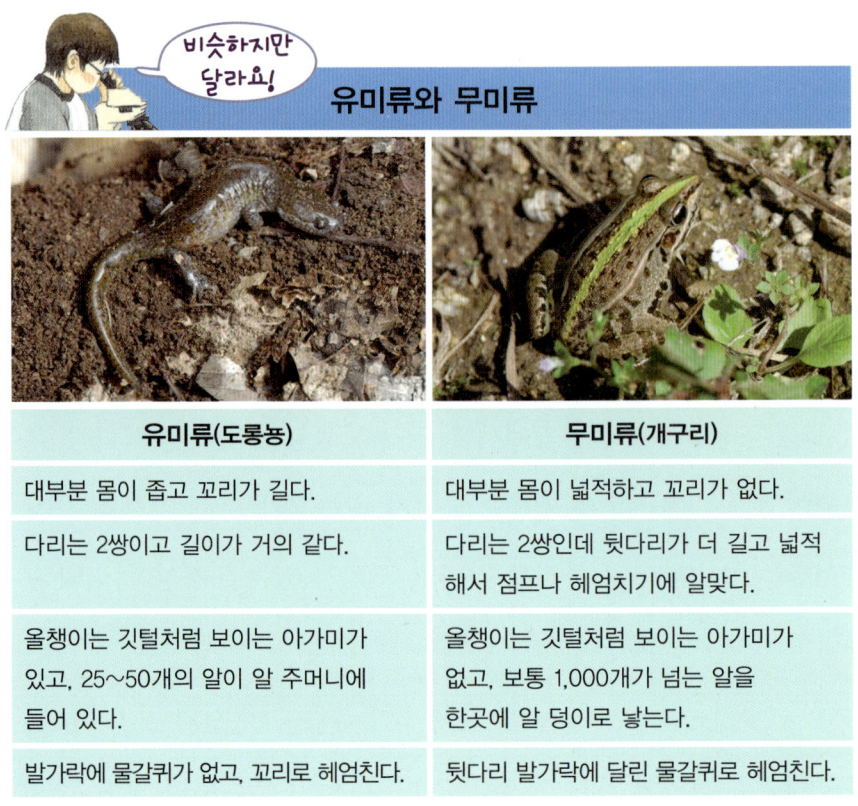

유미류와 무미류

유미류(도롱뇽)	무미류(개구리)
대부분 몸이 좁고 꼬리가 길다.	대부분 몸이 넓적하고 꼬리가 없다.
다리는 2쌍이고 길이가 거의 같다.	다리는 2쌍인데 뒷다리가 더 길고 넓적해서 점프나 헤엄치기에 알맞다.
올챙이는 깃털처럼 보이는 아가미가 있고, 25~50개의 알이 알 주머니에 들어 있다.	올챙이는 깃털처럼 보이는 아가미가 없고, 보통 1,000개가 넘는 알을 한곳에 알 덩이로 낳는다.
발가락에 물갈퀴가 없고, 꼬리로 헤엄친다.	뒷다리 발가락에 달린 물갈퀴로 헤엄친다.

쉭쉭 민물고기

우리는 넓고 잔잔한 냇물로 이동한 뒤 족대를 들고 물고기를 몰기 시작했어요. 물고기는 계속 움직이기 때문에 자세히 관찰하려면 채집을 해야 해요.

버들치

건우는 수초 아래로 족대를 넣어 고정시키고, 나는 건우가 있는 그물 쪽으로 물고기를 몰았어요.

"건우야, 지금이야! 족대를 들어올려."

"잡았어요, 아빠!"

족대 그물 위에서 물고기가 팔딱팔딱 뛰었어요. 건우는 민물고기 잡기 재미에 흠뻑 빠졌어요. 첨벙대며 물고기를 잡다가 냇물에 넘어

새코미꾸리

산천어

지면서도 즐겁게 웃네요. 어느 정도 물고기를 잡은 뒤, 건우는 수조에 담긴 민물고기를 관찰하며 그림을 그렸어요.

건우가 그린 민물고기는 버들치, 쉬리, 새코미꾸리, 산천어였어요. 모두 맑은 물에 사는 민물고기예요. 버들치와 산천어는 1급수에 사는 지표종이며, 쉬리와 새코미꾸리는 바닥에 돌과 자갈이 많은 중상류의 냇물에 살아요. 쉬리는 생김새가 아름다워서 사람들에게 사랑받고, 새코미꾸리는 콧잔등이 새의 부리처럼 길어서 붙은 이름이에요. 쉬리와 새코미꾸리는 우리나라에만 서식하는 고유종이랍니다.

건우가 그린 그림에는 물고기마다 특징이 잘 담겨 있었어요. 아빠와 탐사를 다니기 시작하면서 건우의 관찰력이 나날이 늘고 있어요. 함께한 시간이 헛되지 않아 보람이 느껴졌습니다.

관찰 일지

| 날짜 4월 25일 | 장소 냇물과 연못 | 관찰 대상 민물고기 |

물고기는 보통 여러 지역을 옮겨 다니며 살지만, 수온과 수질에 민감한 종류는 특정한 장소에만 서식하기도 한다.

계곡이나 냇물에는 풍부한 산소와 차가운 물을 좋아하는 산천어, 열목어, 버들치, 새코미꾸리 등의 물고기가 살고, 냇물이 흘러드는 하천에는 쏘가리, 꺽지, 피라미처럼 산소가 부족해도 잘 살아가는 물고기가 주로 서식한다. 그리고 물의 흐름이 거의 없는 하천 하류와 호수, 댐에는 잉어, 붕어, 메기 등이 산다.

 민물고기 사진첩

산천어 – 물의 온도가 낮고 산소가 풍부하며 물 흐름이 빠른 산간 계곡의 1급수에 산다.

새코미꾸리 – 바닥에 큰 돌이 많고 물 흐름이 빠르며 수심이 낮은 1급수의 냇물에 산다.

쏘가리 – 바닥에 작은 돌, 모래, 뻘이 많고 물 흐름이 느린 2~3급수의 하천 중하류에 산다.

잉어 – 물의 흐름이 없고 수심이 깊은 2~3급수의 하천 하류, 호수, 댐에 산다.

호수 공원의 거위와 오리

헤엄치는 오리 떼

다음 탐사 장소는 호수예요. 우리는 차를 타고 넓은 호수로 이동했어요.

"아빠, 저기 오리 좀 보세요."

건우는 새끼 오리들이 뒤뚱거리며 어미 오리를 따라다니는 모습이 재밌는지 키득키득 웃었어요.

오리 한 마리가 물속에 들어가자 나머지 오리들도 차례대로 따라 들어가 물살을 가르며 헤엄치기 시작했어요.

"아빠, 어쩜 오리는 저렇게 헤엄을 잘 칠까요?"

나는 건우에게 오리 발을 유심히 살펴보라고 말했어요. 오리 발이 부지런히 움직이고 있는 걸 확인한 건우는 고개를 끄덕였어요.

오리는 꽁지의 기름샘에서 나오는 기름을 깃털에 잘 발라서 물이 스며드는 걸 막아요. 물이 스며들면 가라앉고 말거든요.

"아빠, 오리가 위험해요!"

물구나무서듯 물속에 머리를 집어넣는 오리를 보고 건우가 소리쳤어요.

오리가 수중 발레하듯 물속에 머리를 박는 건 먹이를 찾기 위해서예요. 오리는 부리 속이 빗 모양으로 되어 있어서 어떤 먹이도 잘 걸러 먹을 수 있지요.

거위

호수 한쪽에서는 거위도 유유히 헤엄치고 있었어요. 거위는 야생 기러기를 길들여 식용으로 개량한 종이에요. 유럽거위는 '주홍부리회색기러기', 중국거위는 '개리'를 길들였어요. 밤눈이 밝아서 집 지키는 용도로 개 대신 기르기도 한답니다.

풀잎 위의 귀여운 청개구리와 연못의 참개구리

청개구리

호수 가장자리 산책로를 걷는데 "풍덩!" 소리가 들렸어요. 개구리가 물속에 뛰어들었나 싶어서 한참 주위를 두리번거렸지만 물속에 잠수한 개구리는 나올 생각이 없는 것 같았어요.

"아빠, 초록색 개구리가 풀잎에 앉아 있어요."

건우가 잎사귀 위에 웅크리고 앉아 있는 청개구리를 발견했어요.

"건우야, 물속에 들어갔던 개구리가 저기 있구나."

예민한 참개구리가 도망칠까 봐 소리 죽여 속삭였어요. 잠시 뒤 건우도 물속에 빼꼼히 잠겨 있는 참개구리를 찾았어요. 참개구리는 연못, 저수지, 논에 살아서 쉽게 볼 수 있어요. 논에 많이 살아서 '논개

구리'라고도 불리지요.

"아빠, 참개구리는 악어를 닮은 거 같아요."

"그러고 보니 정말 비슷한걸!"

노을이 물들자 개구리들의 합창 소리가 힘차게 울려 퍼졌어요. 저녁이 되어 습기가 많아져서 개구리의 몸이 촉촉해졌기 때문이에요. 피부 호흡을 하는 개구리는 충분한 습기가 있어야 크게 울 수 있답니다.

건우와 나는 개구리들 노랫소리를 들으며 집으로 돌아왔어요. 개구리 울음소리를 흉내 내며 숙제하는 걸 보니, 건우는 오늘도 탐험이 즐거웠나 봐요.

참개구리

물에 잠겨서 눈과 코만
내밀고 있는 참개구리

동물 박사 따라잡기 — 동물의 분류별 생김새와 특징

동물은 크게 등뼈가 있는 척추동물과 등뼈가 없는 무척추동물로 구분한다. 척추동물은 포유류, 조류, 파충류, 양서류, 어류에 속하는 동물이고 무척추동물은 절지동물(곤충류, 거미류, 갑각류, 다지류 등), 연체동물(두족류, 이매패류 등), 환형동물(지렁이, 거머리 등), 극피동물(성게, 불가사리 등), 편형동물(플라나리아) 등의 작은 동물을 말한다. 다양한 동물이 있지만 보통 동물이라고 하면 등뼈가 있는 척추동물을 말한다. 척추동물은 종류에 따라 생김새, 사는 곳, 먹이가 다르다.

	포유류	조류	파충류	양서류	어류
몸	털	깃털	비늘	피부	비늘
호흡	폐	폐	폐	폐, 피부	아가미
체온	정온 동물	정온 동물	변온 동물	변온 동물	변온 동물
번식	새끼	알	알	알	알
수정	체내 수정	체내 수정	체내 수정	체외 수정	체외 수정
다리	4개	2개	4개	4개	없음

척추동물의 종류

포유류

동물 중에서 비교적 덩치가 큰 동물로 온몸이 털로 싸여 있다. 체온이 일정한 정온 동물이고, 폐로 숨을 쉬며, 새끼를 낳아 젖을 먹여서 기른다. 사람, 토끼, 호랑이, 돼지, 소, 다람쥐, 반달가슴곰, 여우, 개, 고양이 등이 있다.

호랑이

조류
온몸이 깃털로 덮여 있고, 딱딱한 부리와 비늘로 덮인 다리를 갖고 있다. 폐로 숨을 쉬고 체온이 일정한 정온 동물이며, 알을 낳는다. 폐에 있는 여러 개의 공기주머니 덕분에 몸을 가볍게 할 수 있어서 하늘을 잘 날아다닌다. 참새, 까치, 비둘기, 독수리, 부엉이, 닭, 오리 등이 있다.

까치

파충류
피부가 단단한 비늘로 덮여 있고 폐로 숨을 쉰다. 외부 온도에 따라 체온이 변하는 변온 동물이고, 주로 육지에서 생활하며 껍질에 싸인 알을 낳아 번식한다. 뱀, 거북, 악어 등이 있다.

뱀

양서류
물과 육지에서 모두 살 수 있고 비늘이 없다. 껍질에 싸이지 않은 알을 물속에 낳으며, 변온 동물이다. 어릴 때는 아가미로 숨을 쉬지만 어른이 되면 폐와 피부로 숨을 쉰다. 개구리, 두꺼비, 맹꽁이, 도롱뇽, 영원 등이 있다.

개구리

어류
몸이 유선형이며 지느러미를 갖고 있어서 헤엄치기에 알맞다. 온몸이 비늘로 싸여 있으며 아가미로 숨을 쉰다. 변온 동물이며 체외 수정으로 알을 낳아 번식한다. 잉어, 붕어, 버들치, 쏘가리, 연어, 메기, 상어 등이 있다.

쏘가리

3. 농장에서 만나요

처마 밑 강남 제비

제비

제비집

제비 새끼

아침부터 건우는 얼굴에서 웃음이 떠나지 않아요. 오늘은 농촌 체험 농장을 운영하는 건우의 외갓집에 가기로 한 날이거든요.

"아빠! 빨리요, 빨리!"

새벽부터 재촉하는 건우 덕분에 우리는 서둘러 준비를 마치고 차에 올랐어요. 그런데 방금 전까지 재잘대던 건우가 차에 탄 뒤로는 아무 말이 없네요. 설레는 마음에 밤잠을 설쳤는지 차에 타자마자 곯아떨어지고 말았어요.

농장에 도착해 차에서 내리는데 날쌘 제비가 우리 앞을 스치듯 날아갔어요. 하늘 높이 솟구쳐 올랐다가 땅으로 곤두박질치는 모습이 마치 곡예비행을 펼치는 비행기 같았어요.

"아빠, 제비가 땅에 닿을 것처럼 날아요."

"응, 제비는 오늘처럼 날씨가 흐리거나 비가 오면 아주 낮게 날아. 비가 오거나 흐린 날에는 곤충들이 낮게 나는데, 곤충을 사냥하는 제비도 먹이를 잡기 위해 낮게 비행하는 거란다. 그래서 일기 예보가 없었던 옛날에는 제비가 나는 모습을 보고 날씨를 예측하기도 했어."

집 안으로 들어가니 처마 밑에 있는 제비집에서 새끼 제비들이 짹짹짹 울어 대고 있어요. 어미 제비는 주둥이를 가장 크게 벌린 새끼에게 먹이를 주었어요. 그리고는 또 먹이를 찾으러 날아갔지요.

묘기를 부리며 비행하는 제비

"엄마 제비야, 먹이 많이 물어 와."

날아가는 제비를 향해 건우가 소리쳤어요.

제비 부부의 보살핌 덕분에 새끼 제비들이 건강하게 무럭무럭 자랐으면 좋겠어요.

멍멍 강아지와 야옹 고양이

"내 새끼 왔구나!"

건우가 한달음에 달려가 외할머니 품에 안겼어요. 그 사이 쑥쑥 자란 건우가 대견하다며 외할머니는 연신 건우를 토닥여 주시네요.

인사를 마친 건우와 나는 농장 동물들을 만나러 뒷마당으로 갔어요. "땡그랑!" 건우가 개 밥그릇을 건드리는 바람에 잠자고 있던 개들이 깨고 말았어요. "멍멍멍!" 무섭게 짖어 댔습니다.

"아빠, 어떻게 해요?"

개들에 둘러싸여 어찌할 바를 모르고 있는데, 구세주처럼 건우 외삼촌이 나타났어요. 주인을 알아본 개들은 언제 짖었냐는 듯이 잠잠해졌지요.

"휴, 삼촌 아니었음 물렸을지도 몰라요. 엄청 무서웠어요."

건우는 오랜만에 만난 삼촌에게 응석을 부렸어요.

"건우야, 괜찮아. 개는 영리하고 충성스런 동물이야."

개는 낯선 사람에게만 사납게 짖는다고, 건우 외삼촌이 건우에게 말해 주었어요. 아직 건우와 친구가 되지 않아서 그렇다고요.

개는 소리를 잘 듣고 냄새도 잘 맡을 뿐 아니라 눈도 밝아서 집을 지켜 주는 충직한 동물이에요. 보통 12~15년을 사는데, 특수한 훈련을 받은 영리한 개들은 사냥개, 양치기개, 썰매개, 구조견, 안내견으로 활약하기도 하지요. 전 세계에 300~400종이 있으며 푸들, 시추, 요크셔테리어, 닥스훈트 등은 애완동물로 큰 사랑을 받고 있답니다.

"아빠, 개들이 힘든가 봐요. 혀를 내밀고 있어요."

"개는 땀을 흘리지 못해. 그래서 혀를 내밀어 땀을 배출하고 체온을 조절하는 거야."

뒷마당 한쪽에는 새초롬히 앉아 있는 고양이도 있었어요. 우리가 다가가는 기척을 느끼자 지붕 위로 후다닥 올라가더니 지붕 반대쪽으로 사뿐히 뛰어내렸어요. 마치 날렵한 체조 선수처럼요.

고양이는 몸이 부드럽고 균형을 아주 잘 잡아요. 작은 몸집에 비해 힘도 세고 엄청 빠르지요. 눈동자는 밝은 곳에서는 가늘고 길어지지만, 어두운 곳에 있으면 동그랗게 커져서 깜깜한 밤에도 앞을 잘 볼 수 있답니다.

비슷하지만 달라요!

개와 고양이

개	고양이
발톱이 드러나 있다.	나무에 오르거나 먹이를 잡을 때는 발톱을 드러내지만 평상시에는 감춘다.
높은 곳에서 잘 뛰어내리지 못하고 주춤거리는 경우가 많다.	높은 곳에 잘 올라가고 균형 감각이 뛰어나서 잘 뛰어내린다.
냄새를 맡고 마주치기 전에 멍멍 짖기 때문에 놀란다.	살금살금 소리 없이 다니기 때문에 갑작스럽게 만나면 놀란다.
꼬리를 흔들며 친근한 표시를 한다.	경계심이 많아서 꼬리를 위로 치켜세운다.
야생 동물인 늑대를 길들인 가축이다.	야생 동물인 리비아살쾡이를 길들인 가축이다.

음메 소와 꿀꿀 돼지

뒷마당을 빠져나온 건우와 나는 소와 돼지를 기르는 동물 농장으로 갔어요.

"우웩! 아빠, 이게 무슨 냄새예요?"

건우는 인상을 찌푸리며 코를 부여잡았어요.

"아빠가 냄새 안 나는 방법을 알려 줄게."

축사의 소

나는 건우에게 숨을 여러 번 깊게 들이마시라고 했어요. 잠시 뒤 건우는 마술처럼 냄새가 안 난다며 좋아하네요. 코가 마비된 줄도 모르고요. 코는 자극적인 냄새를 계속 맡으면 감각이 둔해져서 더 이상 냄새를 느끼지 못한답니다.

"외삼촌이 소 여물을 주라고 하셨는데, 여물이 뭐예요?"

"소와 말을 먹이려고 말려서 잘게 썬 짚이나 사료를 말해. 퇴비 등으로 쓰려고 베어서 말린 풀도 여물이라고 하지."

건우는 소에게 여물을 주며 무럭무럭 잘 자라라고 말했어요.

"아빠, 소가 트림을 해요."

소는 먹은 음식을 바로 소화시키지 않고 저장해 두었다가 다시 트림으로 올려 먹어요. 이렇게 되새김질을 하면 먹은 풀이 부드러워져서 소화시키기가 한결 편하답니다.

"아빠, 소똥 좀 보세요. 똥이 엄청 커요. 오줌은 수돗물처럼 콸콸 쏟아져 나와요."

똥과 오줌을 싸는 소를 처음 본 건우는 깜짝 놀랐어요. 덩치가 크다 보니 배설물도 양이 많을 수밖에요.

소 축사 옆에는 돼지우리도 있었어요. 마침 돼지가 드러누워서 새끼들에게 젖을 물리고 있었어요. 젖꼭지를 하나씩 차지하고 열심히 빨고 있는 새끼 돼지들 모습을 보자니 건우와 나도 배가 부를 지경이

에요.

몸집이 뚱뚱한 돼지는 먹는 것을 매우 좋아해서 둔하고 미련해 보여요. 사람들은 돼지를 지저분하다고 생각하지만, 장소를 정해 두고 배설할 정도로 깔끔한 구석이 있답니다. 돼지는 산에 사는 야생 멧돼지를 길들인 가축이에요. 고기로 많이 먹고, 햄, 소시지 등을 만드는 재료로 쓰이기도 하지요.

어미 젖을 먹는 새끼 돼지

관찰 일지

날짜 5월 20일	장소 농장과 동물원	관찰 대상 우제류 동물

우제류 동물은 발굽이 4개 있고 주로 풀이나 나뭇잎 등을 먹고 살며 낮에 활동한다. 소, 양, 염소, 돼지 등의 가축과 숲에 사는 고라니, 노루, 산양, 대륙사슴, 멧돼지가 우제류에 속한다. 외국 동물로는 기린, 낙타, 하마 등이 있다.

 우제류 사진첩

아시아물소

유럽들소

기린

세이블앤틸롭

과나코

낙타

일런드영양

바바리양

일본사슴

닭장 속에는 암탉이

"꼬끼오, 꼬끼오!" 닭장 속에서 닭들이 신 나게 울어 대고 있었어요.

"아빠, 닭은 새벽에만 우는 거 아니에요?"

물론 닭은 새벽에 울음을 울어 사람들을 깨워 줘요. 하지만 낮에 울기도 한답니다. 사랑을 표현하거나 영역을 표시하기 위해서죠.

"아빠, 닭이 탈출했어요. 어서 외삼촌께 말씀드려야겠어요."

"하하! 아니야. 간혹 저렇게 풀어서 기르기도 한단다."

건우는 닭이 닭장 속에서만 산다고 알고 있었나 봐요. 마당을 돌아다니는 닭이 신기한지 졸졸 뒤를 쫓아다니며 살펴보고 있네요.

양계장에서 집단으로 사육되는 닭은 스트레스 때문에 면역력이 약해져서 돌림병에 걸리면 집단으로 죽기도 해요. 하지만 이렇게 풀어서 기르는 토종닭은 면역력도 강하고, 그런 닭이 낳은 달

노지에서 기르는 토종닭

걀 역시 건강에 매우 좋답니다.

건우는 농장에서 만난 다양한 동물이 무척 가깝게 느껴지나 봐요. 농장 주변을 계속 돌아다니며 동물들에게 말도 걸고 강아지, 고양이, 소, 돼지, 닭 그림도 그렸어요. 그림 속 동물들은 정말 즐거운 모습이에요. 모든 동물이 "김치!" 하며 함박웃음을 짓고 있어요.

비슷하지만 달라요!

수탉과 암탉

수탉	암탉
머리 위에 있는 볏이 크다.	머리 위에 있는 볏이 작다.
턱 피부가 길고 크다.	턱 피부가 작다.
몸이 크고 꼬리 깃이 길다.	몸이 작고 꼬리 깃이 짧다.
발에 날카로운 며느리발톱이 발달해 있다.	발에 있는 며느리발톱이 발달하지 않았다.
울음소리가 크다	울음소리가 작다.

관찰 일지

| 날짜 5월 21일 | 장소 농장 | 관찰 대상 농장의 동물 |

농장에서는 소, 돼지, 양, 염소, 닭, 오리 등의 가축을 기른다. 가축은 인간에게 필요한 우유, 고기, 털, 가죽 등을 제공해 주는 고마운 동물이다.

 농장 동물 사진첩

젖소 – 우유를 얻기 위해 네덜란드, 독일 등에서 품종을 개량한 가축이다.

한우 – 우리나라의 대표적인 소. 식육용으로 사육되었지만 농사에도 이용되었다.

돼지 – 고기를 얻거나 햄, 베이컨, 소시지 등의 가공식품으로 이용된다.

양 – 털 또는 고기를 얻기 위해 뉴질랜드에서 품종을 개량한 가축이다.

흑염소 – 턱에 수염이 있으며 고기나 약으로 쓰기 위해 개량한 가축이다.

닭 – 고기와 달걀을 얻으려고 동남아시아의 적색산닭을 개량한 가축이다.

오리 – 고기와 알을 얻기 위해 청둥오리를 개량한 가축이다.

개 – 사냥견, 구조견, 애완견 등으로 이용하기 위해 야생 동물인 늑대를 길들인 가축이다.

고양이 – 쥐를 잡기 위해 야생 동물인 리비아살쾡이를 길들인 가축이다.

승마장과 경마장의 말

승마장

농장 체험을 마친 다음 날, 우리는 농장 근처에 있는 승마장을 찾았어요.

"건우야. 말발굽 소리가 들리지?"

"사극에서 들었던 말발굽 소리랑 똑같아요."

말은 오랜 옛날부터 중요한 이동 수단이었어요. 전쟁 때는 군마, 농사지을 때는 밭갈이에 이용되었고, 소식을 전하는 파발마로 쓰이기도 했지요. 요즘은 편지나 이메일이 소식을 전하고, 자동차가 등장해 말은 승마장이나 경마장에서 주로 볼 수 있어요.

"아빠, 저기 작은 말 좀 보세요. 엄청 귀여워요."

건우가 발견한 작은 말은 당나귀였어요. 말과 당나귀는 생김새가 조금 달라요. 나는 건우에게 '임금님 귀는 당나귀 귀' 동화를 들려주며 차이를 알려 주었어요.

이어서 우리는 경마장으로 향했어요. 출발 신호가 들리자 말에 탄 기수들이 채찍을 휘두르며 내달렸어요. 건우는 시속 60~70킬로미터로 쏜살같이 달려가는 말들 모습을 보고 입을 다물 줄 몰랐어요. 건우가 이렇게 말을 신기해하다니, 다음에는 꼭 승마 체험을 해 봐야겠어요.

경마장

말과 당나귀

비슷하지만 달라요!

말	당나귀
몸에 비해 귀가 작다.	몸에 비해 귀가 매우 크다.
인간을 태우거나 짐을 운반하기 위해 야생 말을 길들여 가축으로 만들었다.	아시아 야생 당나귀를 길들여 만들었으며, 짐을 운반할 때 주로 이용한다.
빨리 달릴 수 있다.	빨리 달리지 못한다.
예전에는 농사나 전쟁에 이용했지만 요즘은 승마 또는 경마에 이용된다.	짐을 운반하거나 어린이 승마용 말로 이용된다.

동물 박사 따라잡기   인간과 가축

가축은 인류 생활에 유용하게 쓰려고 야생 동물을 길들여 사육한 동물을 말한다. 주요 가축으로는 소, 돼지, 양, 염소가 있으며 그 외에도 말, 당나귀, 낙타, 순록, 개, 고양이, 토끼, 닭, 칠면조, 거위, 집오리, 메추리 등 종류가 다양하다.

가축의 역사

인류가 처음으로 가축을 기르기 시작한 건 석기 시대인 1만 년 전이다. 처음에는 신에게 재물을 바치려는 종교적인 이유로 길렀지만 점차 식용으로 이용하게 되었다. 가축을 기르기 시작하면서 불안정한 수렵 생활을 끝내고 한곳에 머무르는 안정된 생활을 이어 갔다. 최초로 가축이 된 동물은 약 1만 2천 년 전에 사육된 개이다. 소는 약 1만 년 전, 염소와 산양, 돼지는 약 8천 년 전에 가축으로 기르기 시작했다.

가축의 중요성

사람들은 우유, 고기, 털, 가죽 등을 얻으려고 가축을 기르기 시작했다. 소, 돼지, 양, 염소 등의 가축은 인간에게 필요한 축산물을 제공해 준다. 인류는 목적에 따라 가축을 다양한 품종으로 개량했다. 고기로 이용되는 돼지는 새끼를 많이 낳고 빨리 자라도록, 양은 다양한 털을 얻도록 품종을 개량시켰다. 가축은 야생 동물보다 질병에 대한 저항력이 약해서 사육할 때 위생에 신경 써야 한다.

가축이 된 야생 동물

소 – 야생 소 '오록스'를 길들임. 일소, 젖소, 육우 등으로 쓰임.

돼지 – 멧돼지를 길들임. 식용으로 쓰임.

개 – 늑대를 길들임. 구조견, 맹도견, 애완견, 탐지견 등으로 쓰임.

고양이 – 리비아살쾡이를 길들임. 쥐를 잡는 용도로 쓰임.

닭 – 적색산닭을 길들임. 식용으로 쓰임.

집오리 – 청둥오리를 길들임. 식용으로 쓰임.

가축의 질병

바이러스성 전염병인 구제역과 조류 독감은 매우 위험한 질병이다. 치료법이 없어서 발생하면 모두 도살, 매립, 소각하기 때문에 가축 농가의 피해가 크다.

구제역 – 소, 돼지, 양, 사슴 등의 우제류에 발생되는 바이러스성 전염병

조류 독감 – 닭, 칠면조 등의 가금류에 발생하는 바이러스성 전염병

4. 동물원과 아쿠아리움에서 만나요

키다리 기린과 뚱보 하마

약속대로 건우의 방학에 맞춰 동물원에 견학을 왔어요.

"아빠, 기린이 무지무지 커요."

키 큰 기린을 발견한 건우는 입을 다물지 못했어요. 키가 5미터나 되었거든요. 기린은 기다란 혀로 감아 뜯듯이 나뭇잎과 작은 가지를 먹고 있었어요.

기린은 땅 위에 사는 동물 중에서 키가 가장 큰데, 매우 튼튼한 심장을 지녔어요. 높은 곳에 있는 머리까지 피를 끌어올리려면 튼튼한 심장은 필수지요.

키가 크고 시력이 좋은 기린은 위험한 맹수를 가장 먼저 발견하여 주변의 동물들에게 위험 신호를 보내 줘요. 기린들이 일제히 한곳을 쳐다보면 위험하다는 신호랍니다.

"건우야, 저기 하마가 있구나."

나는 건우에게 하마의

기린

몸무게가 3,200킬로그램이나 된다고 말해 주었어요. 하마는 몸이 육중하지만, 시속 50킬로미터로 내달릴 만큼 달리기 실력이 뛰어나답니다.

하마

건너편에는 육상에 사는 동물 중 가장 덩치가 큰 코끼리도 있었어요. 코끼리는 하루에 130킬로그램이나 되는 먹이와 200리터의 물을 마셔요. 또 한 번에 2~3킬로그램의 어마어마한 똥을 싼답니다. 코끼리 똥으로는 종이와 커피도 만들 수 있어요. 똥 속에는 소화가 덜 된 식물성 섬유질이 들어 있거든요. 코끼리 외에도 양, 말, 소, 판다의 배설물로도 종이를 만들 수 있지요.

코끼리

장난꾸러기 원숭이와 느림보 나무늘보

"아빠, 저 원숭이는 다람쥐를 닮았어요."

건우가 원숭이 우리에서 다람쥐원숭이를 발견했어요. 몸집이 작은 다람쥐원숭이는 나무를 아주 잘 타요. 기다란 꼬리를 축 늘어뜨리거나 세워서 균형을 잡고 기어 올라가지요. 건우는 자기도 긴 꼬리가 있었으면 좋겠다고 부러워했어요.

한쪽에는 일본원숭이와 여우원숭이도 보였어요. 일본원숭이는 지구에 살고 있는 원숭이 가운데 가장 북쪽에 살아요. 여우원숭이는 줄무늬가 달린 꼬리가 마치 여우 꼬리처럼 보여요.

"건우야, 여기 오랑우탄이 있어."

오랑우탄을 본 건우는 사람과 많이 닮았다며 신기해했어요. 오랑우탄은 말레이어로 '숲의 사람'이라는 뜻인데, 앉아 있는 모습이나 동작이 정말 사람처럼 보였어요.

"오랑우탄이 사람과 가장 닮은 동물이에요?"

다람쥐원숭이

일본원숭이

여우원숭이

"아니야, 침팬지가 가장 많이 닮았지."

침팬지는 도구를 이용하여 곤충을 잡아먹을 정도로 매우 똑똑해요. 특히 '보노보'라고 불리는 피그미침팬지는 유전자가 사람과 99퍼센트 일치한답니다.

"아빠, 빨리 와 보세요."

건우가 급하게 부르는 걸 보니 특이한 동물이 있나 봐요. 그곳에는 개미집을 무너뜨려 개미를 잡아먹고 있는 큰개미핥기가 있었어요. 개미핥기

오랑우탄

침팬지

큰개미핥기

나무늘보

는 원시적인 포유동물로, 후각이 사람보다 40배나 발달해서 귀신같이 개미집을 찾아낸답니다.

"건우야, 저쪽에 나무늘보가 있네?"

건우는 오랫동안 나무 위에 매달려 있는 나무늘보의 힘이 놀랍다면서 부러워했어요.

나무늘보는 나무 위에서 나뭇잎을 먹으며 생활해요. 하지만 배설할 때는 땅에 엉덩이를 붙이고 똥을 누지요. 한 시간에 800미터밖에 못 움직이는 느림보이지만, 물속에 들어가면 수영 선수 못지않은 실력을 자랑하는 반전이 있는 동물이랍니다.

관찰 일지

| 날짜 7월 25일 | 장소 동물원 | 관찰 대상 외국 포유동물 |

동물원에 가면 특이한 모습의 외국 동물을 만날 수 있다.

특별한 모습의 포유동물을 관찰하면서 신비로운 동물의 세계로 떠나 보자.

동물원 외국 동물 사진첩

흰코뿔소 – 코끼리에 이어 두 번째로 몸집이 큰 포유동물로, 아프리카에 산다.

캥거루 – 배주머니에 새끼를 넣고 다니며 젖을 먹인다.

아프리카코끼리 – 육상 포유동물 중 가장 무겁다. 몸무게가 2,400~6,300킬로그램이다.

얼룩말 – 흰 바탕에 검은색 줄무늬가 있으며 아프리카에 산다.

사자 – 아프리카 초원에 살며 암컷을 중심으로 무리 지어 사냥한다.

유럽불곰 – 나무뿌리, 곤충, 연어 등을 먹고 살며 겨울에는 굴에서 겨울잠을 잔다.

사막여우 – 건조한 사막에 살며 귀가 커서 열을 잘 방출한다.

카비바라 – 쥐 무리 중 가장 크며 호수나 하천 주변의 밀림에 산다.

아메리카비버 – 나무를 갉아 쓰러뜨려 댐을 만들고 그 속에 집을 짓는다.

멸종 위기종이 된 맹수 호랑이

시베리아호랑이

이어서 건우와 나는 호랑이, 표범, 치타, 재규어가 사는 맹수사로 갔어요.

"아빠, 호랑이는 몇 종류나 돼요?"

"호랑이는 한 종류뿐이야. 다만 사는 지역에 따라 크기와 색깔, 줄무늬가 조금씩 다르지."

추운 시베리아 지역에 사는 호랑이는 몸집이 커요. 몸이 클수록 몸무게에 비해 외부로 노출되는 표면적이 작아서 몸에 있는 열을 덜 뺏기기 때문에 추위에 잘 견딜 수 있답니다.

"아빠, 시베리아호랑이가 한국호랑이예요?"

"그래 맞아. 시베리아호랑이는 한국호랑이, 백두산호랑이, 만주호랑이, 아무르호랑이라고도 불리는 숲 최고의 맹수란다."

사자 사육장에는 더위에 지친 사자가 낮잠을 자고 있었어요. 건우는 잠보라며 사자를 놀려 댔어요. 쿨쿨 단잠에 빠진 사자가 동물의 왕이라는 걸 모르는 모양이에요. 사자가 초원의 얼룩말, 물소, 영양, 기린 등을 사냥하는 무법자라고 말해 주니 살짝 겁먹은 표정을 짓네요. 그제야 놀리는 걸 그만두었어요.

잠자는 사자

"아빠, 사자랑 호랑이랑 싸우면 누가 이겨요?"

"사자는 초원에, 호랑이는 숲 속에 살기 때문에 서로 만나서 싸우는 일이 거의 없어."

용감하고 힘 센 두 동물의 진정한 승자를 알고 싶었던 건우가 실망한 표정을 지었습니다.

동물원의 새

조류관 입구에서는 앵무새를 어깨에 올려 보는 체험을 하고 있었어요. 건우도 앵무새를 어깨에 올렸는데, 자꾸 건우의 머리카락을 잡아당기며 장난을 쳤어요.

"아빠, 저 후크 선장 같지 않아요?"

예전 같으면 무서워서 벌벌 떨었을 텐데, 건우도 이제 제법 동물들과 친해진 모양이에요. 스스럼없이 장난치는 모습이 영락없는 개구쟁이예요.

앵무새 체험을 마치고, 우리는 물새들이 사는 넓은 물새장으로 갔어요.

아름다운 백조가 물 위를 떠다니며 고고한 자태를 뽐내고 있었어요. 백조는 고니, 큰고니, 혹고니 등의 고니류를 부르는 이름이에요.

백조

다리가 긴 새를 발견한 건우와 나는 동시에 "학다리다!" 하고 외쳤어요. 학의 원래 이름은 두루미예요. "뚜루루루 뚜루루루!" 울어서 그런 이름이 붙었지요. 두루미는 체온 손실을 막으려고 한쪽 다리를 등 뒤로 접어서 날개 사이에 넣고 외다리로 서서 잔답니다.

"아빠, 저기 다리가 짧은 두루미가 있어요."

건우가 본 건 두루미가 아니라 황새였어요. 황새는 우리나라에서 몸집이 가장 크지만 다리가 두루미처럼 길지 않아요.

동물원 견학을 마치고 집에 온 우리는 곧장 하마 동영상을 찾아보았어요. 치타에 저항하며 저돌적으로 내달리는 하마의 모습에 연신 탄성을 지르던 건우가 한마디했어요.

"아빠, 앞으로는 뚱뚱하다고 하마를 얕보면 안 되겠어요."

두루미와 황새

두루미	황새
두루미류에 속한다. (두루미, 물닭, 뜸부기, 느시 등)	황새류에 속한다. (황새, 왜가리, 백로, 저어새 등)
습지의 풀밭에 잘 모인다.	나무에 앉기를 좋아한다.
울음소리가 커서 멀리까지 울려 퍼진다.	울음소리를 내지 못하고 목을 뒤로 접어 큰 부리를 부딪쳐 소리낸다.
다리 색깔이 검은색이다.	다리 색깔이 붉은색이다.

아쿠아리움의 수생 동물

다음 날, 우리는 아쿠아리움에 갔어요. 아쿠아리움은 물에 사는 동물을 가까이에서 관찰할 수 있는 거대한 수족관이에요. 물에 들어가지 않고도 신비로운 물속 동물을 관찰할 수 있죠.
아쿠아리움의 파란 물을 보는 것만으로도 더위가 싹 가시는 기분이에요. 건우는 한참을 두리번거리며 동물을 찾고 있어요.

"아빠, 물고기가 정말 예뻐요."

"와, 정말이네!"

건우와 나는 아름다운 장관에 눈이 팔려 열대어 수족관에 멈춰 섰어요. 건우는 바닷속 용궁에 온 것 같다면서 탄성을 내질렀어요.

반대편 수조에는 바다거북과 가오리가 헤엄치고 있었어요. 바다 동물들이 헤엄치는 모습이 눈앞에서 펼쳐지니 바다 속에 들어와 있는 듯한 착각이 들 정도였어요.

열대어

바다거북

가오리

상어

피라니아

"건우야, 여기 상어가 있어."

상어가 앞으로 돌진하자 깜짝 놀란 건우가 주춤하며 물러섰어요. 포악한 상어가 수족관을 뚫고 나오는 줄 알았나 봐요.

상어는 물고기 가운데 몸집이 가장 커요. 특히 악명 높은 백상아리는 몸길이가 약 7미터, 몸무게가 약 3,400킬로그램이나 되는데, 돌고래, 물개, 작은 상어 등을 잡아먹는 바다의 포식자예요.

조금 더 가니 피라니아도 있었어요. '이빨이 있는 물고기'라는 뜻의 피라니아는 강을 건너는 소나 양 등을 습격해서 뼈와 가죽만 남기고 모두 먹어 치울 만큼 성질이 흉폭하답니다. 아래

턱이 매우 발달했고, 삼각형의 날카로운 이빨이 있어서 질긴 먹잇감이라도 쉽게 뜯어 먹을 수 있지요.

"아빠, 저기 물개가 있어요."

"저건 물개가 아니라 물범이야."

물개

물개와 물범은 네 발이 지느러미로 변하고 몸이 유선형이어서 헤엄을 잘 쳐요. 물속에 살지만 포유동물에 속해서 휴식을 취하거나 새끼를 낳을 때는 바위나 육지로 올라오지요.

헤엄치는 물범

"아빠, 물개와 물범처럼 헤엄을 잘 치는 포유동물이 또 있어요?"

"돌고래도 헤엄을 잘 치지."

돌고래는 물개, 물범과 달리 높이 튀어 올랐다가 물속으로 떨어져 잠수하며 헤엄을 쳐요. 먹이

돌고래

를 찾거나 친구 돌고래와 신호를 주고받을 때는 초음파를 이용하지요. 머리 위쪽에 있는 '메론'에서 1,000~20만 헤르츠의 초음파를 내고, 초음파가 부딪힌 뒤 반사되어 돌고래의 귀에 전달되면 위치를 찾을 수 있답니다.

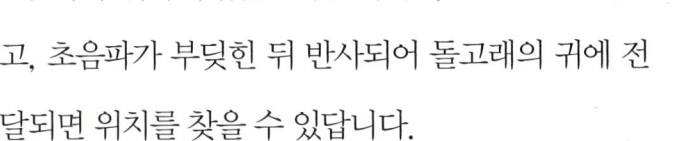

펭귄

 마지막으로 만난 동물은 펭귄이에요. 펭귄은 날개가 지느러미처럼 생겨서 잘 날지 못하지만 헤엄을 아주 잘 쳐요. 아장아장 걷거나 빨리 달려서 빙판 위를 미끄러지듯 이동하지요. 지방층이 두껍게 발달해서 매서운 남극의 추위도 거뜬히 견딜 수 있어요. 천적으로는 바다표범, 범고래, 물개 등이 있으며, 알과 새끼는 남극도둑갈매기, 큰풀마갈매기 등에게 습격을 당하기도 한답니다.

 집으로 돌아오는 길에 건우와 나는 뒤뚱뒤뚱 펭귄 흉내를 내며 걸었어요. 서로 자기가 더 펭귄을 닮았다며 한바탕 웃었답니다.

관찰 일지

날짜 7월 26일 **장소** 아쿠아리움 **관찰 대상** 다양한 물속 동물

바다 속 모습을 그대로 옮겨 놓은 아쿠아리움은 물에 사는 동물을 자세히 관찰할 수 있는 대형 수족관이다. 직접 관찰하기 힘든 상어, 펭귄, 바다거북 등 다양한 물속 동물을 눈앞에서 볼 수 있다.

 아쿠아리움의 물속 동물 사진첩

대왕메기

실버아로와나

폐어

홍미금룡

철갑상어

상어

바다거북

모토로가오리

실버스켓

동물 박사 따라잡기   동물도감 만들기

동물 탐사 도감 만들기

1. 탐사할 동물과 장소 정하기

2. 탐사할 동물에 대한 자료 조사하기

3. 탐사 장소에서 직접 동물 관찰하기

4. 도감 및 인터넷을 활용하여 탐사한 동물의 이름 찾아보기

5. 사는 곳, 먹이, 겨울나기 등 동물의 다양한 생태 알아보기

6. 탐사한 동물과 환경과의 관계 알아보기

한살이 관찰 도감 만들기

고양이, 햄스터, 잉꼬, 십자매, 송사리 등의 동물을 기르며 한살이를 관찰할 수 있다.

1. 어떤 동물을 기를지 결정한다.
2. 동물을 구입할 수 있는 곳(펫샵, 대형마트, 인터넷 쇼핑몰)을 알아본다.
3. 한살이를 관찰할 건강한 동물을 선택한다.
4. 한살이를 관찰할 동물의 먹이와 사육하는 방법을 알아본다.
5. 사육할 장소를 정하고 사육장을 꾸민다.
6. 틈틈이 사육장 청소를 해 준다.

관찰 포인트와 사육할 때 주의할 점

햄스터
해바라기 씨를 볼주머니에 저장하여 옮기는 걸 관찰한다. 회전 기구를 넣어 주어 운동을 시키고 나무를 주어서 이빨이 계속 자라는 걸 막아 준다.

고슴도치
위험을 느끼면 얼굴과 네 발을 모두 숨겨 공 모양으로 만드는 걸 관찰한다. 먹이 그릇은 잘 뒤집어지지 않도록 무거운 그릇을 사용하며, 귀뚜라미, 밀웜 등을 먹이로 준다.

토끼
소리가 나면 토끼의 두 귀가 다르게 움직이는지 관찰한다. 뒷발로 차면 흥분한 상태이므로 안정시켜 준다.

늪거북
단단한 갑옷 속에 머리, 꼬리, 다리가 모두 들어가는지 관찰한다. 큰 돌을 넣어 일광욕을 할 수 있게 해 준다.

잉꼬
'사랑해' 같은 말을 매일 반복하며 말을 가르쳐 보자. 물로 목욕을 하니 매일 깨끗한 물로 갈아 준다.

열대어
번식기에 수컷의 몸에 어떤 무늬가 나타나는지 관찰한다. 물 온도를 20~25℃로 관리해 준다.

5. 산에서 살펴보아요

땅 위를 빠르게 기어 다니는 장지뱀

햇볕을 쬐는 아무르장지뱀

바람이 살랑 부는 햇볕 좋은 날 건우와 나는 숲으로 캠핑을 갔어요. 야생 동물을 관찰하기로 했거든요. 양지바른 숲길에는 강한 햇볕이 내리쬐고 있네요. 땀이 많은 건우는 벌써부터 등이 축축하게 젖었어요. 그래도 힘들다는 소리 없이 풀숲의 동물을 찾고 있는 모습이 참 대견해요.

오솔길로 접어드니 풀숲에서 "투둑 투두둑!" 소리가 들렸어요.

"건우야, 나무 더미 아래를 보렴."

그곳에는 장지뱀이 숨어 있었어요. 장지뱀은 도마뱀과 비슷하게 생겼는데, 배와 뒷다리가 맞닿은 부분에 샅구멍이 있으면 장지뱀, 샅구멍이 없으면 도마뱀이에요. 샅구멍은 짝짓기할 때 화학 물질이 나오는 구멍이랍니다.

한쪽 돌 위에서는 장지뱀이 해바라기를 하고 있었어요. 장지뱀은 차가운 피가 흐르는 변온 동물이어서 체온이 올라가야 활동할 수 있어요. 몸을 덥힌 장지뱀이 후다닥 도망갔어요. 지렁이, 거미, 달팽이, 개미 등을 잡으러 가는 모양이에요.

"아빠, 이 장지뱀은 꼬리가 잘렸어요!"

장지뱀은 천적을 만나면 위기를 벗어나기 위해 스스로 꼬리를 잘라요. 그러고 나서 천적이 어리둥절해하는 하는 사이에 재빨리 도망치지요. 처음 잘린 꼬리는 다시 생기지만, 두 번 끊어진 뒤에는 꼬리가 다시 재생되지 않는답니다.

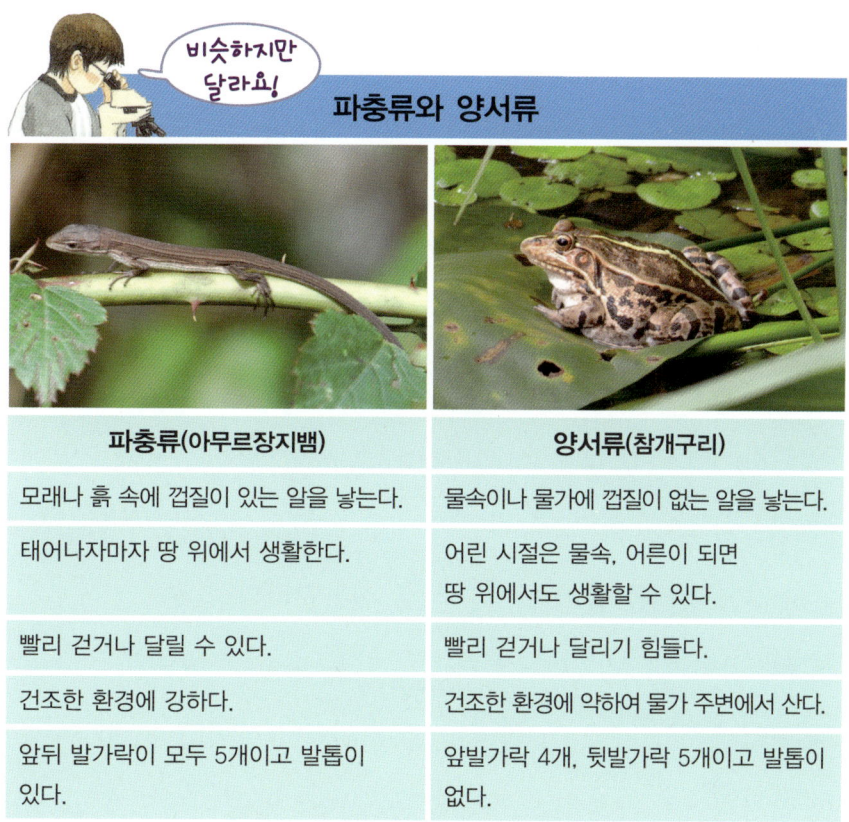

비슷하지만 달라요!

파충류와 양서류

파충류(아무르장지뱀)	양서류(참개구리)
모래나 흙 속에 껍질이 있는 알을 낳는다.	물속이나 물가에 껍질이 없는 알을 낳는다.
태어나자마자 땅 위에서 생활한다.	어린 시절은 물속, 어른이 되면 땅 위에서도 생활할 수 있다.
빨리 걷거나 달릴 수 있다.	빨리 걷거나 달리기 힘들다.
건조한 환경에 강하다.	건조한 환경에 약하여 물가 주변에서 산다.
앞뒤 발가락이 모두 5개이고 발톱이 있다.	앞발가락 4개, 뒷발가락 5개이고 발톱이 없다.

알록달록 꽃뱀, 무서운 독뱀 살모사

유혈목이

살모사

"건우야, 위험해. 꼼짝 마!"

뱀을 발견한 나는 다급하게 소리쳤어요. 그런데 건우는 생명과학 시간에 뱀을 만져 봐서 그런지, 별로 무서워하는 것 같지 않아요.

"아빠, 저 뱀은 무슨 뱀이에요?"

"응, 유혈목이야. 꽃뱀이라고도 하지. 잘 물지 않고 물더라도 깊게 물리지 않으면 독니가 안쪽에 있어서 독이 나오지 않아. 그래서 옛날에는 애완뱀처럼 가지고 놀기도 했지."

"아빠, 독이 있는 독사는 어떤 뱀이에요?"

"머리가 세모꼴인 살모사, 까치살모사, 쇠살모사 같은 뱀을 말해."

독사는 성질이 사납고 움직임이 매우 빨라요. 무엇보다 독사는 도망치지 않고 똬리를 틀어 공격 자세를 취한답니다.

"아빠, 구렁이도 뱀이에요?"

"우리나라에서 가장 큰 뱀이지. 몸길이가 1~2미터나 돼. 쥐와 참새를 잡아먹어서 곡식을 보호해 주는 고마운 동물이기도 하고. 구렁이 한 마리가 1년에 100마리가 넘는 쥐를 잡아먹거든."

그런데 뱀이 건강에 좋다는 헛소문이 퍼지면서 사람들은 구렁이를 마구 잡았어요. 또 서식지인 시골의 돌담과 초가집이 없어지면서 멸종 위기 동물이 되었답니다.

구렁이

"근데 뱀은 왜 혀를 날름거려요?"

"냄새를 맡는 거야. 뱀은 사람과 달리 혀를 이용해서 공기 속에 실려 온 냄새를 맡을 수 있어. 눈과 귀가 어두운 뱀에게 혀는 매우 중요한 감각 기관인 셈이지."

혀를 날름거리던 꽃뱀은 S자를 그리며 멀리 도망갔어요. 도망치는 걸 보니 독사가 아닌 게 분명해졌어요. 뱀이 도망치고 나자 건우는 숨을 크게 내쉬었어요. 꽃뱀이 무섭긴 했던 모양이에요.

관찰 일지

| 날짜 8월 25일 | 장소 숲 | 관찰 대상 파충류 |

파충류는 몸이 비늘이나 딱지로 덮여 있고 주로 길에서 생활하기 때문에 '길동물'이라고 불린다. 양서류와 비슷해 보이지만 아가미도 없고 물에서 태어나지도 않으며 올챙이가 개구리로 변하는 탈바꿈도 하지 않는다. 크게 도마뱀 무리, 뱀 무리, 거북 무리, 악어 무리로 나뉜다.

도마뱀 무리

몸이 작고 꼬리가 길다. 작은 비늘로 덮여 있으며 눈꺼풀이 있다. 열대에서 온대의 나무, 땅, 땅 밑에 살며 모래 속에 알을 낳는다. 도마뱀, 장지뱀, 도마뱀붙이, 카멜레온, 이구아나 등.

뱀 무리

몸은 가늘고 길며 다리가 없다. 귓구멍이 퇴화되었고 눈꺼풀도 없으며 열대, 아열대, 온대 지역에 다양하게 분포한다. 동물을 잡아먹고 살며 독을 지닌 것도 많다. 살모사, 구렁이, 유혈목이, 아나콘다, 코브라, 비단뱀 등.

거북 무리

갈비뼈가 변하여 만들어진 갑옷을 등에 지고 다닌다. 갑옷 속에는 얼굴과 네 발, 꼬리를 감출 수 있다. 온대에서 열대의 사막이나 삼림, 늪이나 하천, 바다 등에 널리 분포한다. 거북, 자라, 남생이, 바다거북 등.

악어 무리

커다란 몸을 물속에 숨기고 코와 눈만을 물 위로 드러낸다. 열대 지역의 강이나 호수에 산다. 크로커다일, 엘리게이터, 카이만 등.

하늘 위의 포식자 맹금류

숲길을 따라 올라가니 넓은 들판이 나왔어요. 건우와 나는 이곳에서 텐트를 치고 캠핑을 하기로 했어요. 숲에서 하룻밤을 보내는 건 건우에게 좋은 경험이 될 거예요. 수많은 동물이 우리와 함께 살고 있다는 걸 체험할 수 있는 좋은 기회니까요. 서편으로 해가 저물어 갈 무렵 우리는 야영 준비를 마치고 하늘을 바라보았어요.

"건우야. 저기 참매가 날고 있구나."

"참매는 어떤 동물을 사냥해요?"

"꿩, 오리, 비둘기, 토끼, 들쥐 등을 사냥하지. 하늘 높이 날아오른 다음 시속 400킬로미터로 빠르게 급강하해서 사냥하는데 그 솜씨가 일품이란다. 매사냥은 고조선 때부터 즐겨 오던 전통 스포츠로 참매가 먹이를 잡아채는 광경은 정말 멋져. 참매, 매, 황조롱이, 말똥가리 같은 새들을 맹금류

말똥가리

솔개

검독수리

부엉이

올빼미

라고 부르지."

　밤이 되자 숲 속은 다양한 동물의 울음소리로 가득했어요. 부엉이 울음소리가 들리자 건우와 나는 신 나게 부엉새 노래를 불렀어요. 무서워서 굳었던 건우의 표정도 한층 밝아졌어요.

　수리부엉이, 올빼미 등은 밤에 활동하는 야행성 맹금류예요. 앞을 향해 있는 부리부리한 두 눈은 어두운 밤에도 먹잇감을 뚜렷하게 볼 수 있어요. 예민한 귀로는 쥐와 토끼 같은 작은 동물의 소리를 들을 수 있지요. 또 부드러운 깃털을 갖고 있어서 소리 없이 날아가 사냥할 수 있답니다.

지지배배 산새와 동굴의 박쥐

숲 속에서의 하룻밤이 지나고 햇살이 숲을 훤히 비추었어요. 건우와 나는 아름다운 새소리를 들으며 산책을 했어요.

숲길을 걷는데 "껑껑!" 꿩 울음소리가 들렸어요. "쮸~쮸~, 치이치이, 짹짹!" 예쁜 목소리를 뽐내는 다양한 새소리도 들려왔지요. 우리는 숲 속 새들을 찾아보기로 했어요.

"아빠, 저쪽이에요."

망원경으로 건우가 가리키는 방향을 보니 '뱁새'라고 불리는 붉은머리오목눈이가 있었어요. 나뭇가지에는 박새, 곤줄박이, 유리딱새, 호랑지빠귀도 앉아 있었고요. '산까치'라고 불리는 어치와 가늘고 긴 꼬리를 가진 물까치도 보였어요.

"딱딱딱딱~ 딱딱딱딱!" 나무를 쪼아 벌레를 잡아먹는 딱따구리 모습도 발견했어요. 오색딱따구리, 청딱따구리, 쇠딱따구리 등 숲에는 다양한 딱따구리가 있었어요.

붉은머리오목눈이

박새

유리딱새

"건우야, 우리 박쥐 만나러 가 볼까?"

"진짜, 박쥐가 있어요?"

나는 미리 봐 두었던 동굴로 건우를 안내했어요. 헤드 랜턴을 쓴 뒤, 조심조심 동굴 안으로 들어갔어요.

"파드득~ 파드득!" 박쥐가 떼를 지어 날아가자 건우가 화들짝 놀랐어요. 놀란 건우를 달래고 조심스럽게 동굴 곳곳을 보니 거꾸로 매달린 박쥐가 있었어요. 박쥐는 뒷다리 발가락에 날카롭고 굵은 발톱이 있어서 천장에 거꾸로 매달릴 수 있지요. 포유동물이지만 유연한 날개를 갖고 있어서 새보다 더 민첩하게 날아다닐 수도 있답니다.

"아빠, 이렇게 깜깜한데 박쥐는 어떻게 날아다녀요?"

"박쥐도 돌고래처럼 초음파를 이용해. 박쥐가 쏜 초음파가 동굴 벽에 부딪혀 다시 박쥐에게 돌아오면 거리를 알아낼 수 있지. 같은 방법으로 먹이도 찾아."

어둠 속에서도 잘 날아다니는 박쥐는 '귀가 밝은 쥐', '밤눈이 밝은 쥐'라는 뜻이에요. 관박쥐는 코로 초음파를, 집박쥐는 입으로 발사하지만 반사된 초음파는 모두 귀로 감지하지요.

박쥐는 종류에 따라 먹이도 다양해요. 우리나라에 살고 있는 관박쥐, 검은토끼박쥐, 관코박쥐 등은 모두 곤충을 먹고 살아요. 하지만 외국에 사는 물고기잡이박쥐는 물고기, 개구리잡이박쥐는 개구리를 잡아먹고 흡혈박쥐는 동물에 상처를 내어 피를 빨아 먹지요. 과일박쥐는 동물이 아닌 꽃과 과일을 먹고 산답니다.

박쥐

관찰 일지

날짜 8월 26일 **장소** 숲 속 **관찰 대상** 다양한 산새

숲에 사는 산새는 쌍안경으로 관찰하지만 너무 멀리 떨어져 있으면 관찰이 어렵다. 또 숲이 우거지면 나뭇잎과 줄기에 가려져 새를 찾아내기 힘들기 때문에 잎이 무성한 여름보다는 겨울이나 초봄에 관찰하는 편이 좋다. 새를 잘 확인하기 어려울 때는 울음소리를 알면 구별할 수 있으니 특징 있는 새 소리 몇 가지를 기억해 두는 것도 좋다.

산새 사진첩

오색 딱따구리
"뽀~뽀~!" 울며 부리로 나무에 구멍을 파고 그 속의 애벌레를 잡아먹는다.

쇠박새
활엽수 숲의 나무 구멍이나 틈에 둥지를 만들고 겨울에는 무리 지어 다닌다.

박새
산에 흔히 살지만 인공 새집에서도 잘 번식하고, "쥬쥬, 치이치이!" 소리를 내며 운다.

딱새
낮은 산에 살며, 사계절 내내 우리나라에 사는 텃새이다.

유리딱새
낮은 산지에 찾아오는 새로, 우리나라를 지나가는 나그네새이다.

콩새
마을 주변 숲에 찾아오는 겨울 철새로, 몸이 콩처럼 둥글어서 '콩새'라고 불린다.

숲 속의 야생 동물

텐트를 정리하고 건우와 나는 반대쪽 산으로 하산을 시작했어요.

"아빠, 저 사슴은 왜 뿔이 없어요?"

산을 넘다가 발견한 동물은 우리나라 산과 들에 많이 사는 고라니였어요.

"어? 자세히 보니 뿔이 입에 달렸어요."

"고라니는 사슴과 달리 머리에 뿔이 없어. 대신 뻐드렁니처럼 잘 발달된 송곳니로 풀이나 나무뿌리를 캐 먹는단다."

고라니

대륙사슴

"투두둑!" 숲의 정적을 깨는 소리가 들렸어요. 멧돼지였어요. 멧돼지는 뚱뚱한 외모와 어울리지 않게 방향 전환과 급정거를 잘하는 아주 날쌘 동물이에요. 요즘은 멧돼지가 인가 근처의 밭이나 도심까지 출몰하기도 해요. 천적인 호랑이와 표범이 사라져서 멧돼지 숫자가 불어난 탓에, 먹이가 모자라기 때문이에요.

멧돼지

"건우야, 저쪽에 반달가슴곰이 있어."

건우와 나는 숨을 죽이고 반달가슴곰을 관찰했어요. 나라에서는 멸종 위기에 놓인 동물을 자연으로 돌려보낸 뒤 적응해서 살도록 하는 '생태계 복원' 사업을 시행하고 있어요. 반달가슴곰 방사도 그 사업의 하나로 이루어졌답니다.

"건우야, 반달가슴곰은 맹수라서 조심해야 해."

"만나면 죽은 척하라고 배웠어요."

"안 돼. 그건 아주 위험한 행동이야. 만약 곰과 마주쳤다면 등을 보이지 말고 마주본 상태에서 서서히 뒷걸음질쳐서 멀어져야 해. 등을 돌리고 도망치면 곰이 덤빌 수 있어. 저렇게 둔해 보이지만 시속 60킬로미터로 빠르게 달릴 수 있거든."

반달가슴곰

　곰과 마주치지 않는 가장 좋은 방법은 정해진 등산로를 이용하는 거예요. 만약 곰이 살고 있다는 표지판이 보이면 큰 소리로 이야기해서 곰이 알아채고 먼저 피할 수 있도록 하는 게 좋답니다.

　우리는 반달가슴곰이 숲에 잘 적응하기를 기도해 주고, 다시 정해진 등산로를 따라 산을 내려왔습니다.

동물 박사 따라잡기 — 멸종 위기 동물과 복원 사업

천연기념물

천연기념물은 학술 및 관상적인 가치가 높아서 보호와 보존을 법률로 지정한 동물과 종의 서식지, 식물의 개체, 종 및 자생지, 지질 및 광물을 말한다. 천연기념물 동물로는 산양, 하늘다람쥐, 반달가슴곰, 수달, 진돗개 등의 포유동물과 크낙새, 황새, 백조(고니류), 두루미, 올빼미류, 부엉이류, 매류, 까막딱따구리 등의 조류, 그리고 황쏘가리, 어름치, 무태장어 등의 어류가 있다. 그리고 크낙새 서식지, 노랑부리백로 및 저어새 번식지, 낙동강 하류 철새 도래지 등의 서식지도 천연기념물로 지정되어 있다.

두루미
현존하는 새 가운데 두 번째로 큰 새이며, 천연기념물 제202호로 지정되어 있다.

수달
족제비과의 수중 생활을 하는 포유동물로, 천연기념물 제330호로 지정되어 있다.

큰고니
'백조'라고도 불리며, 천연기념물 제201호로 지정되어 있다.

황새
다리가 매우 긴 새로, 천연기념물 제199호로 지정되어 있다.

황쏘가리
하천 중상류에 서식하며, 한강의 황쏘가리는 천연기념물 제190호로 지정되어 있다.

멸종 위기 야생 동물과 생물종 복원 사업

멸종 위기 야생 동식물은 자연적·인위적 위협 요인에 의해 개체 수가 현저하게 감소되어 멸종 위기에 처하거나 가까운 장래에 멸종 위기에 처할 우려가 있는 야생 동식물을 말한다. 2010년 현재 246종이 지정되어 있으며, 그중 야생 동물은 95종이 지정되어 있다.

우리나라에서는 멸종된 동물이 다시 자연 생태계에 살 수 있도록 복원하는 생물종 복원 사업을 펴고 있는데, 현재 반달가슴곰, 산양, 여우, 늑대, 황새 등의 동물을 복원하려고 노력 중이다.

	1급	2급
포유류	호랑이, 늑대, 대륙사슴, 산양, 스라소니, 반달가슴곰, 사향노루, 여우, 붉은박쥐, 표범, 수달	담비, 무산쇠족제비, 물개, 물범, 삵괭이, 작은관코박쥐, 큰바다사자, 토끼박쥐, 하늘다람쥐
조류	검독수리, 넓적부리도요, 노랑부리백로, 두루미, 매, 저어새, 참수리, 청다리도요사촌, 크낙새, 혹고니, 황새, 흰꼬리수리	노랑부리저어새, 개리, 검은머리갈매기, 검은머리물떼새, 검은목두루미, 고니, 고대갈매기, 삼광조, 긴점박이올빼미, 느시, 까막딱따구리, 독수리, 뜸부기, 먹황새, 물수리, 벌매, 붉은해오라기, 뿔쇠오리, 뿔종다리, 새호리기, 솔새, 수리부엉이, 알락개구리매, 알락꼬리마도요, 올빼미, 재두루미, 잿빛개구리매, 조롱이, 참매, 큰고니, 큰기러기, 큰덤불해오라기, 큰말똥가리, 팔색조, 항라머리검독수리, 호사비오리, 흑기러기, 흑두루미, 흰목물떼새, 흰이마기러기, 흰죽지수리
파충류	비바리뱀	구렁이
양서류		금개구리, 남생이, 맹꽁이, 표범장지뱀
어류	감돌고기, 꼬치동자개, 미오종개, 얼룩새코미꾸리, 퉁사리, 흰수마자, 임실납자루	가는돌고기, 가시고기, 꾸구리, 다묵장어, 돌상어, 모래주사, 묵납자루, 칠성장어, 한둑종개

6. 하천과 바닷가에서 만나요

생존력 강한 잉어와 붕어

잉어

붕어

아침 일찍 일어난 건우가 부지런히 움직이며 준비물을 챙기고 있었어요. 멀리 있는 동물을 관찰하는 쌍안경과 망원경도 챙기고 관찰 일지도 잊지 않았어요.

오늘은 건우와 함께 집 앞에 있는 하천부터 바다까지 긴 시간을 걸으며 동물을 관찰하기로 했어요. 무성하게 자란 풀밭을 지나 하천 돌다리에

다다랐을 때였어요.

"앗, 깜짝이야!"

성큼성큼 돌다리를 건너던 건우가 수면에서 입을 뻐끔거리는 잉어를 보고 깜짝 놀랐어요. 잉어는 하천에서 가장 쉽게 볼 수 있는 물고기예요. 하천에는 잉어와 함께 붕어, 피라미도 많이 살지요.

피라미

한쪽에는 잉어에게 먹이를 주는 사람들도 있었어요. 잉어는 입을 쭉 내밀어 부지런히 먹이를 받아먹고 있었습니다.

"건우야, 잉어의 나이는 어떻게 알 수 있을까?"

"글쎄요. 나무처럼 나이테가 있는 것도 아니고……."

"비늘을 보면 나이를 알 수 있어. 비늘에는 성장륜이라고 하는 동그란 무늬가 있는데, 그곳에 나무 나이테처럼 무늬가 있단다."

잉어는 큰 강이나 댐, 호수, 저수지 등에 살아요. 잡식성이어서 수초, 수서 곤충, 갑각류, 실지렁이 등을 먹고 살지요. 붕어도 잉어처럼 하천, 댐, 호수 등에 살지만 잉어보다 크기가 작아요. 몸 빛깔이 녹갈색 또는 황갈색을 띠지요. 사람들의 건강에 좋다고 알려져서 약용과 식용으로 많이 쓰인답니다.

소중한 토종 동물과 훼방꾼 외래 동물

"아빠, 괴물 쥐예요!"

쥐처럼 생긴 동물이 새를 잡아서 풀숲으로 끌고 가고 있었어요.

우리는 재빨리 망원경과 쌍안경을 꺼내 뉴트리아가 사냥하는 장면을 관찰했어요. 뉴트리아는 몸집이 보통 쥐보다 10배나 커요. 물과 땅을 오가며 날카로운 이빨로 민물고기는 물론 철새까지 잡아먹는 괴물 쥐랍니다. 처음에는 식용과 모피용으로 쓰려고 외국에서 들여왔는데, 쓰임새가 맞지 않아 하천이나 호수에 놓아주었고 그것들이 마구 번식해서 생태계를 교란시키는 말썽꾼이 되었지요.

"아빠, 저기 거북이 있어요."

"붉은귀거북이야. 북아메리카가 고향인 외래종이지."

"붉은귀거북은 왜 들여왔어요?"

"청거북이라 불리는 어린 시기에는 생김새가 아주 귀여워서 사람

들에게 인기가 좋았어. 그래서 애완용으로 키우기 위해 들여왔는데, 어른이 되어 고약한 냄새를 풍기면서 하천에 버려졌어. 그 개체들이 하천을 장악하면서 우리나라 민물 거북인 남생이는 숫자가 줄어 귀한 동물이 되고 말았단다."

그 밖에 우리나라에 들어와서 문제를 일으킨 대표 외래 동물로는 황소개구리가 있어요. 황소개구리는 우리나라 올챙이는 물론 미꾸라지, 우렁이는 물론 뱀까지도 잡아먹었지요. 외래종 물고기 배스와 블루길도 토종 민물고기 새끼들을 마구 잡아먹는 바람에 생태계의 큰 골칫거리가 되었답니다.

외래 동물은 식용이나 애완용으로 들여왔지만, 그것들을 잡아먹을 만한 천적이 없어서 그 수가 어마어마하게 불어났어요. 그리고 우리나라 자연 생태계를 어지럽히는 등 큰 문제가 되고 있지요. 우리 땅에는 우리나라 토종 동물이 가장 잘 어울린다는 걸 잊지 말아야 해요.

관찰 일지

| 날짜 10월 15일 | 장소 숲과 강 | 관찰 대상 생태계 교란 동물 |

생태계 교란 동물이란 외국에서 인위적 또는 자연적으로 들어와서 생태계를 어지럽히거나 혼란시켜 균형을 무너뜨릴 가능성이 있는 동물을 말한다. 생태계 교란 동물은 식용, 애완용 및 가죽을 활용하기 위해 외국에서 수입되었다. 그러나 생각했던 것만큼 활용 가치가 부족하자 우리나라 자연에 놓아주었고, 우리나라 토착 생물이 살아갈 터전을 빼앗고 토종 생물을 마구 잡아먹으며 생태계 질서를 파괴시켜 큰 문젯거리가 되고 있다.

 생태계 교란 동물 사진첩

뉴트리아

붉은귀거북

황소개구리

블루길

배스

기수역의 망둑어와 하천과 바다를 오가는 연어

썬크림을 꼼꼼히 바르고 챙이 넓은 모자를 눌러 쓴 뒤 본격적인 하천 탐사를 떠났어요. 햇볕이 쨍쨍 내리쬐는 하천을 따라 걷는 건 무척 힘들었어요. 우리는 한참을 걸은 뒤에야 기수역에 다다랐어요.

갯벌 위의 망둑어

"여기가 민물과 바닷물이 섞이는 곳이야."

"강물이 바닷물과 섞인다고요?"

우리나라 하천은 대부분 서해나 동해로 빠져나가요. 강물은 바다로 흘러가기 때문에 강물과 바닷물이 섞이는 기수역 구간이 생기는 것이지요.

기수역에는 특이하게 생긴 망둑어류의 물고기가 많이 살아요. 민물두줄망둑, 말뚝망둑어, 짱뚱어 등은 강 하구나 연안의 갯벌에 구멍

을 파고 살지요. 썰물 때는 가슴지느러미와 꼬리지느러미로 갯벌 위를 톡톡 뛰며 기어 다녀요.

망둑어가 밖에서 오랫동안 살 수 있는 건 아가미 속에 있는 물 주머니에 물을 채우고 밖으로 나오기 때문이에요. 물 주머니 덕분에 아가미가 마르지 않아서 숨을 쉴 수 있는 것이지요.

"건우야. 왼쪽에는 하천, 오른쪽에는 바다를 보고 있으니 연어 생각이 나는구나."

"아, 알아요. 물을 거슬러 올라오는 물고기 맞죠?"

맞아요. 연어는 하천에서 태어나 바다에 살다가 다시 하천으로 돌아와 알을 낳는 물고기예요. 겨울에 알에서 깨어난 어린 연어는 30~50일 동안 하천에 머물다가 3.5센티미터 정도로 자라면 무리 지어 연안으로 내려가요. 몸길이가 7센티미터 정도로 자란 뒤에는 더

깊은 바다로 나가 해류를 따라 북태평양으로 이동하여 살지요. 해류를 따라 다시 남쪽으로 돌아온 연어는 9~11월에 태어난 강과 하천으로 돌아와요.

강과 바다를 오가며 사는 연어, 물속과 갯벌 위를 오가며 사는 망둑어 모두 어디서든지 잘 적응하는 괴짜 물고기랍니다.

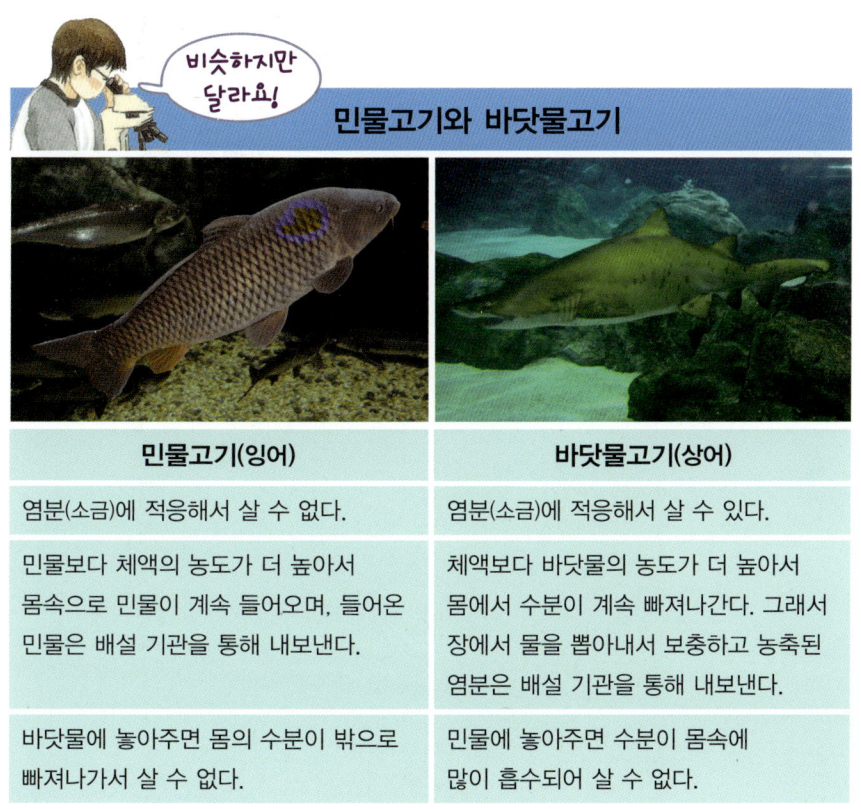

민물고기와 바닷물고기

비슷하지만 달라요!

민물고기(잉어)	바닷물고기(상어)
염분(소금)에 적응해서 살 수 없다.	염분(소금)에 적응해서 살 수 있다.
민물보다 체액의 농도가 더 높아서 몸속으로 민물이 계속 들어오며, 들어온 민물은 배설 기관을 통해 내보낸다.	체액보다 바닷물의 농도가 더 높아서 몸에서 수분이 계속 빠져나간다. 그래서 장에서 물을 뽑아내서 보충하고 농축된 염분은 배설 기관을 통해 내보낸다.
바닷물에 놓아주면 몸의 수분이 밖으로 빠져나가서 살 수 없다.	민물에 놓아주면 수분이 몸속에 많이 흡수되어 살 수 없다.

목이 긴 왜가리와 뒤뚱뒤뚱 청둥오리

대백로

중대백로

하천 하구의 전망대에 도착했어요. 건우와 나는 망원경과 필드스코프를 이용해 새들의 모습을 관찰하기로 했어요. 그때 백로 한 마리가 날개를 활짝 펼치며 하늘로 날아올랐어요.

"아빠, 정말 멋져요."

잠시 날아가던 백로가 하천에 내려앉아 성큼성큼 걷기 시작했어요. 그러고는 부리로 물속을 내리찍어 물고기를 잡더니 한입에 꿀꺽 삼켰지요. 백로는 개구리, 올챙이, 수서 곤충, 작은 조류, 쥐를 주로 잡아먹어요.

하천, 습지, 논 등에 사는 백로는 여름에 우리나라를 찾아오는 여름 철새예요. 겨울이 되면 따뜻한 곳으로 이동하지요. 그런데 요즘은 지구 온난화로 우리나라의 날씨가 포근해지면서 월동 장소를 옮기지 않는 백로가 많아졌어요.

"아빠, 저기 새 조각상이 있어요."

"하하, 저건 외다리로 서 있는 왜가리야. 왜가리는 사계절 내내 볼 수 있는 대표적인 물새란다. 하얀 백로와 달리 전체적으로 회색을 띠지.

건우야, 하늘을 봐! 오리 떼가 V자를 그리며 날아가고 있어."

"와, 그런데 오리는 잘 날지 못하잖아요."

쇠백로

왜가리

흰뺨검둥오리

쇠오리

청둥오리 수컷

청둥오리 암컷

"아니야. 청둥오리, 쇠오리, 흰뺨검둥오리 같은 야생 오리는 먼 거리도 거뜬히 날아다녀."

"근데, 아빠. 청둥오리는 암컷과 수컷이 정말 달라요?"

청둥오리 수컷은 몸통이 크고 머리와 목이 윤기 나는 짙은 초록색이며, 목에는 흰색의 가는 테가 둘러져 있어요. 그러나 암컷은 몸 전체가 얼룩덜룩한 갈색이어서 전혀 다른 종으로 보이지요.

철새는 춥거나 더우면 먼 거리를 날아서 이동해요. 새들은 바람을 타고 날기 때문에 날개를 많이 치지 않고도 먼 곳까지 이동할 수 있지요. 그러나 거리가 너무 멀면 안락한 휴식처에 내려앉아 먹이를 먹으며 잠시 쉬었다가 날아가요. 겨울 철새는 가을에 우리나라에 와서 월동을 하고 봄이 지나면 떠나는 새이고, 여름 철새는 초여름에 우리나라를 찾았다가 가을에 다시 따뜻한 월동지로 떠나는 새를 말해요.

관찰 일지

| 날짜 10월 15일 | 장소 하천과 바다 | 관찰 대상 물새 |

물새는 물 위를 헤엄쳐 다니거나 물가에서 생활하는 조류를 말한다. 갯벌, 바다, 강, 호수, 습지 등 물이 있는 곳에 살면서 물고기, 올챙이, 곤충류, 조개, 게, 달팽이, 지렁이 등을 먹고 산다.

수금류에 속하는 오리, 거위, 고니 등은 물갈퀴로 헤엄치며 생활하며, 섭금류에 속하는 백로, 왜가리, 두루미, 도요새, 물떼새 등은 긴 다리로 수심이 낮은 물 위를 걸으며 잘 발달된 부리로 진흙이나 흙 속에 숨어 있는 먹이를 잡아먹는다.

 물새 사진첩

큰고니

청둥오리

흰뺨검둥오리

민물가마우지

괭이갈매기

마도요 무리

창공을 날아다니는 바닷새

괭이갈매기

하구를 지나자 드넓은 바다가 펼쳐졌어요.
"아빠, 갈매기예요."
"그래, 괭이갈매기구나."
자세히 보려고 살금살금 다가섰지만 눈치 빠른 갈매기는 훌쩍 날아가 버렸어요.

괭이갈매기는 헤엄치는 물고기 떼를 따라 이동하기 때문에 '어군 탐지기'라 불려요. 물고기, 곤충, 게, 해초뿐 아니라 생선 찌꺼기와 배에서 나오는 음식 쓰레기까지 먹는 항구의 청소부이기도 하지요. 괭이갈매기는 나무와 풀이 드문드문 자라는 조용한 섬에 둥지를 틀기 때문에 조용한 무인도를 무척 좋아해요. 홍도, 난도, 신도, 칠산도의 괭이갈매기 번식지는 천연기념물로 지정되어 있답니다.

갯벌 너머 바닷물에는 오리, 고니, 흰죽지, 뿔논병아리, 민물가마우지 등 다양한 물새들이 두둥실 떠 있었어요. 건우는 뿔논병아리가

물속으로 잠수했다가 떠오르는 모습이 재미있다며 계속 따라다녔어요.

뿔논병아리

하천과 바닷가를 마지막으로 건우와 나의 동물 탐사도 끝이 났어요. 집에 돌아온 건우는 지친 기색도 없이 탐사한 내용을 정리하느라 분주했어요. 동물 신문을 만들겠다며 사진을 뽑고 그림도 그렸지요. 서툰 솜씨지만 혼자만의 힘으로 신문을 만들겠다니, 기특한 생각이 들어요.

민물가마우지

여러분도 건우처럼 가까운 곳에 있는 동물부터 하나씩 관찰을 시작해 보세요. 다양한 동물의 생태를 관찰하다 보면 신비로운 자연의 세계에 풍덩 빠지게 될 거예요.

동물 박사 따라잡기 동물의 서식지

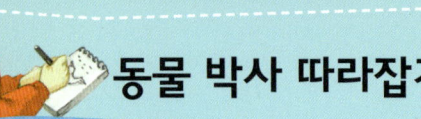

우리 주변에는 다양한 생김새를 가진 동물이 있으며, 숲과 들판, 하천과 호수, 바닷가 등 다양한 서식지에 살고 있다.

- **하늘**: 두루미, 독수리, 송골매, 부엉이, 제비, 날다람쥐, 잠자리, 호랑나비 등
- **들판과 논밭**: 참새, 물까치, 까마귀, 쇠백로, 때까치, 개구리 등
- **숲**: 다람쥐, 고라니, 멧돼지, 반달가슴곰, 호랑이, 뱀, 부엉이, 딱따구리, 독수리 등
- **도시**: 까치, 멧비둘기, 양비둘기, 까마귀, 직박구리, 제비, 참새, 동박새, 콩새, 딱새 등
- **계곡과 냇물**: 도롱뇽, 한국산개구리, 무당개구리, 두꺼비, 산천어, 열목어, 버들치 등
- **강과 호수**: 왜가리, 청둥오리, 백로, 수달, 참개구리, 붉은귀거북, 잉어, 미꾸라지 등
- **농장**: 소, 돼지, 양, 염소, 개, 고양이, 말, 닭, 오리 등
- **땅**: 쥐, 두더지, 다람쥐, 토끼 등
- **바다**: 괭이갈매기, 돌고래, 물범, 물개, 물떼새, 바다거북, 연어, 망둑어, 상어 등

사는 곳에 적응한 동물의 생김새

온도에 적응 (열 방출 유무)

사막여우
귀가 크고 몸이 작아서 열을 잘 방출한다.

북극여우
귀가 작고 몸이 커서 열을 잘 방출하지 못한다.

먹이에 따른 부리의 적응

매
부리 끝이 갈고리처럼 휘어서 먹이를 찢어서 먹는다.

왜가리
창처럼 기다랗고 뾰족한 부리로 먹이를 찔러서 먹는다.

콩새
짧고 튼튼한 부리로 열매를 쪼아 먹는다.

청둥오리
넓적한 주걱 모양의 부리로 물속에 있는 먹이를 걸러서 먹는다.

서식지에 따른 적응

개구리
물속에서 허파로 숨을 쉬기 위해 눈과 콧구멍이 수평이다.

오리
헤엄치기 좋도록 발에 물갈퀴가 달려 있다.

상어
헤엄치기 좋도록 몸이 유선형이다.

낙타
모래가 들어가지 않도록 콧구멍을 닫을 수 있고 등의 혹 속에 지방을 저장하여 물이 없는 사막에서도 살 수 있다.

사진 출처
위키피디아 매(Steve Jurvetson 121쪽), 북극여우(Davebluedevil 121쪽), 젖소(Keith Weller/USDA 61쪽)

아이세움 16 우리와 함께 살아가는 동물이야기

펴낸날 2013년 12월 30일 초판 1쇄 | **펴낸날** 2022년 6월 3일 초판 6쇄
지은이 한영식 | **그린이** 김명길
펴낸이 신광수 | **CS본부장** 강윤구 | **출판개발실장** 위귀영 | **출판영업실장** 백주현 | **디자인실장** 손현지
아동콘텐츠개발팀 박재영, 조희애 | **출판디자인팀** 최진아, 김가민 | **저작권 업무** 김마이, 이아람
채널영업팀 이용복, 이강원, 김선영, 우광일, 강신구, 이유리, 정재욱, 박세화, 김종민, 이태영, 전지현
출판영업팀 박충열, 민현기, 정재성, 정슬기, 허성배, 정유, 설유상
CS지원팀 강승훈, 봉대중, 이주연, 이형배, 이은비, 전효정, 이우성
펴낸곳 (주)미래엔 | **등록** 1950년 11월 1일 제16-67호 | **주소** 서울시 서초구 신반포로 321
전화 미래엔 고객센터 1800-8890 팩스 541-8249 | **홈페이지 주소** http://www.mirae-n.com

ⓒ 한영식, 김명길 2013

ISBN 978-89-378-8635-5 74400
ISBN 978-89-378-4604-5(세트)

* 파본은 구입처에서 교환해 드리며, 관련 법령에 따라 환불해 드립니다. 다만, 제품 훼손시 환불이 불가능합니다.
* 이 책에 실린 사진은 작가가 제공한 것이므로, 작가의 허락 없이 사용할 수 없습니다.

부록

한눈에 보는 동물 친구들

오려서 교과 준비물로 활용하세요

서식지별 대표 동물

1. 공원과 학교
관심을 갖고 주위를 살펴보면 다양한 동물을 만날 수 있어요. 가까운 공원과 학교에서 동물을 찾아보세요.
: 햄스터, 고슴도치, 기니피그, 양비둘기, 멧비둘기, 직박구리, 까치, 까마귀, 참새, 청설모, 다람쥐, 토끼, 공작, 토종닭, 고양이

2. 냇가와 연못
냇물과 연못에는 물과 관련을 맺고 살아가는 동물들이 있어요. 눈을 크게 뜨고 어떤 동물이 있는지 찾아보세요.
: 도롱뇽, 꼬리치레도롱뇽, 두꺼비, 무당개구리, 북방산개구리, 버들치, 새코미꾸리, 산천어, 오리, 거위, 중국거위, 청개구리, 참개구리

3. 농장
농장에서는 야생 동물을 길들인 다양한 가축을 만날 수 있어요. 어떻게 하면 질병에 걸리지 않고 가축을 잘 사육할 수 있는지 알아보아요.
: 제비, 강아지, 고양이, 소, 돼지, 닭, 포니(미니말), 나귀, 말

4. 동물원과 아쿠아리움
동물을 관찰할 수 있도록 인공적으로 만든 동물원과 아쿠아리움에는 수많은 동물들이 살고 있어요. 우리나라의 동물뿐 아니라 다양한 외국 동물도 함께 만날 수 있어요.
: 기린, 하마, 코끼리, 다람쥐원숭이, 오랑우탄, 침팬지, 개미핥기, 나무늘보, 사자, 시베리아호랑이, 앵무(잉꼬), 두루미, 황새, 고니(백조), 상어, 바다거북, 펭귄, 물범, 돌고래, 물개, 피라니아, 흰코뿔소, 캥거루, 얼룩말, 사막여우

5. 산
나무가 울창한 산에는 수많은 야생 동물이 살아요. 다양한 노랫소리로 울어 대는 여러 종류의 새와 몸집이 큰 포유동물을 만나 보세요.
: 아무르장지뱀, 유혈목이, 살모사, 구렁이, 매, 부엉이, 올빼미, 박새, 딱새, 오색딱따구리, 붉은머리오목눈이, 박쥐, 고라니, 멧돼지, 대륙사슴, 반달가슴곰

6. 하천과 바닷가
하천과 바닷가에서는 다양한 물새와 물고기를 관찰할 수 있어요. 민물과 바닷물에 살고 있는 동물은 어떤 것이 있는지 알아보아요.
: 잉어, 붕어, 메기, 피라미, 뉴트리아, 붉은귀거북, 황소개구리, 블루길, 배스, 망둑어, 대백로, 중대백로, 쇠백로, 왜가리, 흰뺨검둥오리, 청둥오리, 괭이갈매기, 뿔논병아리

계곡산개구리	검독수리	거위	개
개구리과	수리과	오리과	개과

괭이갈매기	고양이	고슴도치	고라니
갈매기과	고양이과	고슴도치과	사슴과

기니피그	금붕어	그물눈기린	구렁이
천축서과	잉어과	기린과	뱀과

꼬리치레도롱뇽	까치	까마귀	긴점박이올빼미
도롱뇽과	까마귀과	까마귀과	올빼미과

낙타	나무늘보 (두발가락나무늘보)	나귀	꼬마물떼새
낙타과	두발가락나무늘보과	말과	물떼새과

대륙사슴 사슴과	**다람쥐원숭이** 감는꼬리원숭이과	**다람쥐** 다람쥐과	**뉴트리아** 뉴트리아과
두루미 두루미과	**두꺼비** 두꺼비과	**도롱뇽** 도롱뇽과	**대백로** 백로과
메기 메기과	**말똥가리** 수리과	**마젤란펭귄** 펭귄과	**딱새** 딱새과
물개 바다사자과	**무당개구리** 무당개구리과	**멧비둘기** 비둘기과	**멧돼지** 멧돼지과
박새 박새과	**바다거북** 바다거북과	**민물가마우지** 가마우지과	**물범** 물범과

북방산개구리 개구리과	**버들개** 잉어과	**배스** 검정우럭과	**반달가슴곰** 곰과
뿔논병아리 논병아리과	**블루길** 검정우럭과	**붉은머리오목눈이** 붉은머리오목눈이과	**붉은귀거북** 남생이과
산천어 연어과	**사자** 고양이과	**사막여우** 개과	**사랑새** 앵무과
소 소과	**세이블앤틸롭** 소과	**새코미꾸리** 미꾸리과	**살모사** 살모사과
쇠오리 오리과	**쇠살모사** 살모사과	**쇠백로** 백로과	**쇠박새** 박새과

아시아물소	쏘가리	시베리아호랑이	수달
소과	꺽지과	고양이과	족제비과

악어	아프리카코끼리	아프리카물소	아시아코끼리
크로커다일과	코끼리과	소과	코끼리과

여우원숭이	얼룩말	양비둘기	양
여우원숭이과	말과	비둘기과	소과

옴개구리	올빼미	오색딱따구리	오랑우탄
개구리과	올빼미과	딱따구리과	성성이과

유럽불곰	유럽들소	왜가리	왕관앵무
곰과	소과	백로과	앵무과

일런드영양 소과	**인도청공작** 꿩과	**유혈목이** 뱀과	**유리딱새** 딱새과
장지뱀 **(아무르장지뱀)** 장지뱀과	**잉어** 잉어과	**일본원숭이** 긴꼬리원숭이과	**일본사슴** 사슴과
직박구리 직박구리과	**중대백로** 백로과	**중국거위** 오리과	**제비** 제비과
철갑상어 철갑상어과	**참수리** 수리과	**참새** 참새과	**참개구리** 개구리과
청설모 다람쥐과	**청딱따구리** 딱따구리과	**청둥오리** 오리과	**청개구리** 청개구리과

큰개미핥기 개미핥기과	**콩새** 되새과	**캥거루** 캥거루과	**침팬지** 성성이과
포니 말과	**토종닭** 꿩과	**토끼** 토끼과	**큰고니** 오리과
하마 하마과	**피라미** 잉어과	**피라니아** 카라신과	**피그미하마** 하마과
황새 황새과	**호랑지빠귀** 지빠귀과	**호랑이** 고양이과	**햄스터** 쥐과
흰코뿔소 코뿔소과	**흰뺨검둥오리** 오리과	**황쏘가리** 꺽지과	**황소개구리** 개구리과